二訂版

国境を越える個人所得課税の要点解説

小田 満 著

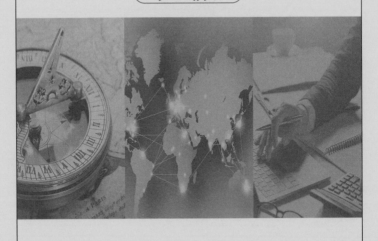

一般財団法人 大蔵財務協会

はしがき

　今や我が国においては、人も財産も国内から国外へ、国外から国内へと国境を越えて移転するのが当たり前となっています。これに伴って人的役務の対価や資産から生じる収益も国内外相互に転移するようになりました。人材とお金が世界中をかけまわり、インカムゲイン・キャピタルゲインが世界中を回流するといっていいでしょう。この場合の課税関係はどうなっているのでしょうか。

　個人納税者に帰属すべき人的役務の対価や資産から生じる収益に対しては、我が国において課税される場合もあれば外国において課税される場合もあり、あるいは税源のとりあいになり両国において課税される場合もあります。

　どの国において課税されるかは、日本人も含めて、個々の納税者の居住形態によって異なり、また、所得の種類によって異なることとされており、更に、課税上の特殊性もあって、かなり複雑で、分かりにくいものとなっています。

　そもそも居住形態別の課税体系については、複雑であるとともに、身近なものとはいいがたい環境にあるため、いろいろな解説文を読んでも、しっかり理解できているか否か不安になることも多いと考えられます。

　そこで本書では、以下の5章立てで、それぞれの要点をできるだけ平易で分かり易くすることを心掛けて解説することとしました。また、道しるべとなる「コラム」を、できるだけ挿入しています。

第1章　居住形態別の課税所得の範囲及び課税方式

　我が国の所得税法における納税者は、日本人であるか否かを問わず、永

住者である居住者、非永住者である居住者、恒久的施設を有する非居住者及び恒久的施設を有しない非居住者の4区分とされており、各区分に係る課税方式は、それぞれの課税所得の範囲に応じてそれぞれの区分ごとに異なることとされています。

　この第1章では、この居住形態別の課税所得の範囲及び課税方式について詳しく解説しますが、これらの項目は、国境を越える人的役務の対価や資産から生じる収益の課税関係を理解する上での基本かつ必須となるものです。

第2章　国内外の公社債株式等に係る所得の課税関係

　この第2章では、第1章で解説した居住形態別の課税所得の範囲及び課税方式を、国内外の金融資産レベルに落とし込んで、国内外の公社債株式等への投資が行われる場合の居住形態別の課税関係の相違点を念頭において整理して詳しく解説します。

第3章　国外中古建物の不動産所得に係る損益通算等の特例

　人も財産も国境を越える時代において、投資対象となる財産は、国内外の公社債株式等に限らず当然のように不動産も対象となります。

　不動産を投資対象として取得し運用・譲渡する場合の課税関係は、第1章において居住形態別に解説しています。また、不動産の場合には、REITやREIT投信の形式で第2章の金融資産レベルの投資対象とすることもできます。

　ところが、国外に有する建物を賃貸する場合については、その不動産所得の計算において意図的に損失を組成して、その他の国内外における不動産所得の収益との差し引き計算をして、課税所得を圧縮しようとするケースがあります。我が国では、その差し引き計算を許容しないこととする特

例が設けられていますので、この第3章では、この特例の内容について解説します。

第4章　国外転出等をする場合のみなし譲渡所得等の課税の特例

　未実現の利得に対して課税しないのが我が国の租税法の基本の一つとなっています。しかし、諸外国においては、有価証券などの資産の含み益が国境を越えて移転する場合にはキャピタルゲインが未実現のまま国外に逃避（資産フライト）するとして、その国境を越える際に、それまでの間の未実現の利益に対して課税する制度が設けられている国が多くあります。

　そこで我が国においても、居住者が国外に転出する場合又は居住者の資産が贈与等により非居住者に移転する場合に、それまでの間の有価証券などの資産に係る未実現のキャピタルゲインを国境を越える際にあらかじめ課税する特例が設けられています。

　この第4章では、この特例の内容について解説します。

第5章　国外財産調書

　近年、国外財産の保有が増加傾向にある中で、国外財産に係る所得税や贈与税等の申告漏れなどが増加している現実があり、国外財産に係る課税の適正化が喫緊の課題となっています。こういったことを背景として、国外財産の状況を把握する方策として、課税当局が国外財産を把握する仕組みや、納税者からその国外財産の状況を自ら申告してもらう制度が創設されています。

　その国外財産の状況を自ら申告してもらう制度としては、国外財産調書の提出義務があります。

　この第5章では、この国外財産調書の制度の内容について解説します。

著者としては、この国境を越える個人所得課税のテーマについては、いつかの時点で私なりに整理したいと考えていたのではありますが、不精に亘っていたところ、大蔵財務協会の担当者の方の励ましにより、やっと実現するに至った次第です。

　以上の5章立てで、国境を越える個人所得課税の全体像は描けるものと考えています。しかし、より深掘りしなければいけない部分やもっと解説しなければいけない事項が多々あります。読者諸氏のご叱正、ご鞭撻をいただければ幸いです。

　なお、令和6年改訂版については、税制改正に伴う事項のほか次の4点に留意して改訂しました。
イ　国内源泉所得の種類別の内容について、より深掘りして解説する。
ロ　居住形態別の課税所得の範囲を分かりやすくするため、特に公社債株式等に係る所得に関する説明の仕方を大幅に工夫する。
ハ　それぞれの箇所の理解の道しるべとなるように「コラム」を追加する。
ニ　その他、加筆が必要と思われる説明を加える。

　令和6年9月

　　　　　　　　　　　　　　　　　　　　　　　　　小　田　　　満

【目　次】

第1章　居住形態別の課税所得の範囲及び課税方式

第1節　はじめに ……………………………………………………………… 3
第2節　居住形態による個人の納税者の区分 …………………………… 5
　コラム　日本人は居住者で、外国人は非居住者か？ ……………………… 7
第3節　住所及び居所 ………………………………………………………… 8
　コラム　業務の都合により1年未満で帰国したり、海外勤務
　　　　　が1年以上となった場合の居住者・非居住者の判定 ……… 11
　コラム　日本国籍を有していないプロスポーツ選手で契約期
　　　　　間が1年未満の者の居住形態の判定 ……………………… 12
第4節　居住形態別の課税所得の範囲及び課税方式 ……………………… 13
第5節　非居住者の課税方法 ………………………………………………… 31
　コラム　配当控除の対象とならない配当等 ……………………………… 40
第6節　国内源泉所得の種類及び内容 ……………………………………… 46
　コラム　総合主義から帰属主義へ ………………………………………… 46
　コラム　人的役務提供事業の所得と人的役務提供の報酬の違
　　　　　い …………………………………………………………………… 62
　コラム　非居住者の恒久的施設に帰属する所得で源泉徴収を
　　　　　要しない国内源泉所得 ………………………………………… 67
第7節　居住形態にかかわらず共通する要点事項 ………………………… 74

第2章　国内外の公社債株式等に係る所得の課税関係

第1節　はじめに ……………………………………………………………… 81

第2節	居住形態別の課税所得の範囲、申告分離課税・源泉分離課税の概要 …… 82
コラム	各種所得の課税方式の概要 …… 85
第3節	居住者（非永住者を除く。）に帰属する公社債株式等に係る所得の課税関係 …… 88
コラム	海外株人気と個人の資産所得倍増との関係 …… 107
コラム	外貨建てによる公社債の運用損益と為替差損益 …… 108
コラム	個人に対しても適用されるタックスヘイブン対策税制とコーポレート・インバージョン対策税制 …… 109
第4節	非永住者に帰属する公社債株式等に係る所得の課税方式の特徴 …… 111
コラム	永住者と非永住者はいずれも居住者に含まれるが、両者で異なる金融所得に係る課税の範囲 …… 114
第5節	非居住者に帰属する公社債株式等に係る所得の課税関係 …… 115
コラム	恒久的施設を有する非居住者の金融所得で申告分離課税の対象となるものの範囲 …… 123
コラム	NISAの適用対象の範囲とその影響 …… 128

第3章　国外中古建物の不動産所得に係る損益通算等の特例

第1節	はじめに（損益通算等の対象とならない不動産所得の赤字） …… 131
第2節	国外中古建物の不動産所得の赤字を損益通算等の対象外とする主旨 …… 133
第3節	特例の適用対象となる国外中古建物 …… 136
第4節	特例の適用対象となる納税者の範囲 …… 139

第5節	特例の適用対象となる国外不動産所得の損失の金額 …… 142
第6節	国外中古建物を譲渡した場合の取得費の特例 …………… 152
コラム	不動産の保有形態の多様化・国際化 ………………………… 153

第4章 国外転出をする場合のみなし譲渡所得等の課税の特例

第1節	はじめに ……………………………………………………… 157
第2節	国外転出をする場合のみなし譲渡所得等の課税の特例 ……… 159
第3節	みなし譲渡所得等課税の適用対象者 ……………………… 163
第4節	みなし譲渡所得等課税の対象となる資産の範囲 ………… 165
第5節	課税の対象金額の算定時点 ………………………………… 170
コラム	出国と国外転出の違い ……………………………………… 172
第6節	納税の猶予 …………………………………………………… 173
第7節	状況に変化などがあった場合の是正措置 ………………… 176
第8節	課税対象資産の取得価額等の洗替え ……………………… 181
第9節	二重課税の調整 ……………………………………………… 185
コラム	贈与、相続又は遺贈により非居住者に特例対象資産が移転した場合との主な相違点 ……………………………… 186

第5章 国外財産調書

第1節	はじめに ……………………………………………………… 191
コラム	国外財産の種類別の内訳 …………………………………… 193
第2節	国外財産調書の制度の概要 ………………………………… 194

第3節	財産債務調書の制度との関係 …………………………………… 196
コラム	財産債務調書の前身は財産債務明細書 ……………… 198
第4節	国外財産の所在 …………………………………………………… 200
第5節	国外財産調書の記載事項及び国外財産の価額 ………………… 205
第6節	過少申告加算税等の軽減又は加重などの措置 ………………… 211
第7節	当該職員の質問検査権等 ………………………………………… 214
第8節	国外財産調書の記載例等 ………………………………………… 215

【索引】……………………………………………………………………… 237

【凡　例】

イ　引用した法令は、それぞれ次の略語を用いている。

　所法………………所得税法

　所令………………所得税法施行令

　措法………………租税特別措置法

　措令………………租税特別措置法施行令

　所基通……………所得税基本通達

　措通………………租税特別措置法通達

　相法………………相続税法

　国外調書法………内国税の適正な課税の確保を図るための国外送金
　　　　　　　　　　等に係る調書の提出等に関する法律

　国外調書令………同上法律施行令

　国外通達…………同上法律の取扱いについて

　耐用年数省令……減価償却資産の耐用年数等に関する省令

ロ　本書は、令和6年10月1日現在の法令と通達によっている。

第1章

居住形態別の課税所得の範囲及び課税方式

第1節　はじめに……………………………………………………………3
第2節　居住形態による個人の納税者の区分…………………………5
　コラム　日本人は居住者で、外国人は非居住者か？……………7
第3節　住所及び居所………………………………………………………8
　コラム　業務の都合により1年未満で帰国したり、海外勤務が1年以上となった場合の居住者・非居住者の判定……………11
　コラム　日本国籍を有していないプロスポーツ選手で契約期間が1年未満の者の居住形態の判定……………………………12
第4節　居住形態別の課税所得の範囲及び課税方式…………………13
第5節　非居住者の課税方法……………………………………………31
　コラム　配当控除の対象とならない配当等……………………40
第6節　国内源泉所得の種類及び内容…………………………………46
　コラム　総合主義から帰属主義へ………………………………46
　コラム　人的役務提供事業の所得と人的役務提供の報酬の違い……62
　コラム　非居住者の恒久的施設に帰属する所得で源泉徴収を要しない国内源泉所得……………………………………………67
第7節　居住形態にかかわらず共通する要点事項……………………74

第1節 はじめに

　我が国の所得税法における納税者は、日本人であるか否かを問わず、永住者である居住者、非永住者である居住者、恒久的施設を有する非居住者及び恒久的施設を有しない非居住者の4区分とされており、各区分に係る課税方式は、それぞれの課税所得の範囲に応じてそれぞれの区分ごとに異なることとされています。

　このうち、居住者については、各種解説書で取り上げていることが多いので、本章では、非永住者及び非居住者に比重をおいて解説することとします。

　我が国に居住している外国の人が、例えば我が国に支店を設置したり契約締結のための代理人を置いたりして、それらの支店等を通じて事業を行う場合には、それらの支店等を恒久的施設（permanent establishment = PE）といい、当該恒久的施設に帰せられるべき所得を「恒久的施設帰属所得」といいます。

　当該恒久的施設帰属所得については、我が国において課税することができることとされています。一方、当該恒久的施設帰属所得相当額については、その非居住者の本国においても、通常は課税の対象になります。したがって、二国間の二重課税となることを前提として、恒久的施設の所在国（我が国）においても当該恒久的施設帰

属所得に対して課税することができることとされているわけです。立場が変われば、我が国の居住者が外国に恒久的施設を有する場合には、同様の課税関係が生ずることとなります。

　この恒久的施設帰属所得の認識については、なじみの薄い分野でありますが、できるだけ分かりやすい解説になるよう努めます。

　非居住者の課税の対象となる所得を「国内源泉所得」といいます。この国内源泉所得の中には、株式や投資信託、土地建物等による投資所得、会社員や会社役員の給与報酬等の所得あるいは芸能人や職業運動家、弁護士や公認会計士等に係る事業所得など国境を越える多様な所得があります。また、為替差損益や所得控除、税額控除などについても、非永住者、非居住者ならではの取扱いがあります。

　この章では、以上のような事項に係る要点を解説します。

第2節　居住形態による個人の納税者の区分

　我が国の所得税法は、居住形態によって個人を3種類に区分しています。この場合の個人とは、日本の国籍を有している者に限定されていないので、いわゆる外国人も含まれます。

　居住形態による区分は、非永住者以外の居住者（永住者）、非永住者である居住者及び非居住者の3種類です（所法2①）。

　我が国の所得税法は、その居住形態の区分に応じて、異なる課税所得の範囲及び課税方式を定めています。

　まず、本節で3種類の居住形態について説明します。

イ　居住者

　国内に住所を有しているか、現在まで引き続いて1年以上国内に居所を有する個人をいいます。

　この場合の「1年以上」の期間の計算の起算日は、入国の日の翌日となります（所基通2－4）。

　したがって、1月1日から12月31日までの暦年中に非居住者から居住者に移行することがあります（34ページのイ参照）。

ロ　非永住者

　居住者のうち、日本国籍を有しておらず、かつ、過去10年以内において国内に住所又は居所を有していた期間の合計が5年以下である個人をいいます。

　非永住者は、居住者のうちの1形態として定められており、このため、「非永住者以外の居住者」のことを、便宜上「**永住者**」と称する場合があります。

　この場合の「過去10年以内」とは、判定する日の10年前の同日から、判定する日の前日までをいいます（所基通2－4の2）。

ハ　非居住者

　居住者以外の個人をいいます。

　居住者以外の個人とされていますから、非居住者とは、国内に住所を有せず、かつ、居所を有している期間が1年未満の個人をいうことになります。

　居住形態による個人の区分を整理すると、次の**図表1**のとおりです（所法2①）。

第2節　居住形態による個人の納税者の区分

【図表1】居住形態による個人の区分

区　分			居住形態	
住所あり	国籍あり		永住者	居住者
住所あり	国籍なし	過去10年以内に5年超居住	永住者	居住者
住所あり	国籍なし	過去10年以内に5年以下居住	非永住者	居住者
住所なし	引き続き1年以上の居所がある	国籍あり	永住者	居住者
住所なし	引き続き1年以上の居所がある	国籍なし	過去10年以内に5年超居住	永住者	居住者
住所なし	引き続き1年以上の居所がある	国籍なし	過去10年以内に5年以下居住	非永住者	居住者
住所なし	引き続き1年未満の居所がある	国籍の有無不問		非居住者

（注）　図表中「永住者」とは、「非永住者以外の居住者」をいいます。

コラム

● **日本人は居住者で、外国人は非居住者か？**

　ごく単純に考えると、日本人は居住者で外国人は非居住者と思いがちですが、日本の所得税法上は、日本人は居住者であるケースが多いが非居住者であるケースもあるし、外国人は非居住者であるケースが多いが居住者であるケースもあります。

　図表1をみると、日本に住所又は居所があるか否かが第一要件となっており、国籍の有無は付随する要件となっていることが分かります。例えば日本人であっても、日本に住所がなければ非居住者に該当するケースがあるし、外国人であっても、日本に住所があれば居住者に該当するケースがあることになります。

第3節 住所及び居所

イ 住所の意義

　居住形態の判定上の最初の要件は、「住所」の有無です。

　所得税法に「住所」に関する定義規定は存在しませんが、民法では、「各人の生活の本拠をその者の住所とする」と定められていることから、実務上、「住所とは各人の生活の本拠をいい、生活の本拠であるかどうかは客観的事実によって判定する」こととされています（所基通2－1）。

　この場合の「客観的事実」については、例えば、住居、職業、資産の所在、親族の居住状況、国籍などをいうものと解されています。

ロ 住所の推定等

　住所の有無の判定上の重要な要素は、「生活の本拠」がどこにあるかです。しかし、その判定が困難である場合には、以下のように住所を推定することとされています。これは「推定」ですから、その状況と異なる事実等が判明した場合には、これを覆すことができます。

国内に居住することになった個人が、次のいずれかに該当する場合には、その者は、国内に住所を有する者と推定されます（所令14①）。

i	その者が国内において、継続して1年以上居住することを通常必要とする職業を有すること。
ii	その者が日本の国籍を有し、かつ、その者が国内において生計を一にする配偶者その他の親族を有することその他国内におけるその者の職業及び資産の有無等の状況に照らし、その者が国内において継続して1年以上居住するものと推測するに足りる事実があること。

また、国外に居住することになった個人が、次のいずれかに該当する場合には、その者は、国内に住所を有しない者と推定されます（所令15①）。

i	その者が国外において、継続して1年以上居住することを通常必要とする職業を有すること。
ii	その者が外国の国籍を有し又は外国の法令によりその国に永住する許可を受けており、かつ、その者が国内において生計を一にする配偶者その他の親族を有しないことその他国内におけるその者の職業及び資産の有無等の状況に照らし、その者が再び国内に帰り、主として国内に居住するものと推測するに足りる事実がないこと。

なお、次に掲げる場合には、それぞれ次のように取り扱うことが明らかにされています。

A　国内又は国外に居住することになった場合など

　国内又は国外において事業を営み若しくは職業に従事するため国内又は国外に居住することとなった者は、その地における在留期間が契約等によりあらかじめ1年未満であることが明らかであると認められる場合を除き、上記のそれぞれiに該当するものとして取り扱われます（所基通3－3）。この取扱いは、上記のそれぞれiに該当するか否かの判定に当たり、実務上、極めて形式的に判定するために設けられているものです。

B　船舶又は航空機の乗組員の住所の判定

　船舶又は航空機の乗務員の住所が国内にあるかどうかは、その者の配偶者その他生計を一にする親族の居住している地又はその者の勤務外の期間中通常滞在する地が国内にあるかどうかにより判定されます（所基通3－1）。

C　国家公務員又は地方公務員の住所

　国家公務員又は地方公務員は、国内に住所を有しない期間についても、次に該当する者を除き、国内に住所を有するものとみなされます（所法3①、所令13）。この場合は、「推定する」のではなく、「みなす」こととされているので、そのみなされた事実等は確定的に真実であるとして扱われます。

i	日本の国籍を有しない者
ii	日本の国籍を有する者で、現に国外に居住し、かつ、その地に永住すると認められる者

（注） 以上の特例の主旨は、例えば、在外公館に勤務する公務員の多くが非居住者として取り扱われることになり、国内勤務がなければその給与全額が非課税となること、また、勤務地国である外国においても、国際儀礼上免税とされる場合が多いこと、その結果、課税上の真空地帯が生ずることによるものといわれています。

八　居所の意義

居住形態の判定上「住所なし」の場合には、次に「居所」の有無が判定の要素となります。

所得税法に「居所」に関する定義規定は存在しませんが、一般的には、個人が継続して居住している場所で、その場所とその人の結び付きが「住所」ほど密接ではなく、生活の本拠というまでには至らない場所をいうものと解されています。

> **コラム**
>
> ●業務の都合により1年未満で帰国したり、海外勤務が1年以上となった場合の居住者・非居住者の判定
>
> 　1年以上の期間の予定で海外支店勤務のため出国した者が、業務の都合により1年未満で国内業務となり帰国した場合や、1年未満の予定で出国した者が、業務の都合により海外の勤務期間が出国の日から1年以上にわたることとなった場合には、それらの事情の変更が生じたときに居住者・非居住者の再判定を行うこととなります。ただし、遡及して居住者・非居住者の区分が変更されることはあり

ません。

　当初1年以上の海外勤務の予定で出国した者は、出国の時から非居住者として取り扱われますが、その勤務期間が1年未満となることが明らかとなった場合には、その明らかになった日以後は居住者となります（出国時に遡及して居住者となることはありません。）。

　また、当初1年未満の海外勤務の予定で出国した場合には、出国の時において居住者として取り扱われますが、その後事情の変更があり海外勤務が1年以上となることが明らかとなった場合には、その明らかとなった日以後は非居住者となります（国税庁質疑応答事例・源泉所得税参照）。

コラム

● **日本国籍を有していないプロスポーツ選手で契約期間が1年未満の者の居住形態の判定**

　所得税法においては、居住者とは、日本国内に「住所」があるか又は現在まで引き続いて1年以上「居所」がある個人をいい、「居住者」以外の個人を「非居住者」と規定しています。

　ここでいう「住所」は、「各人の生活の本拠」をいい、国内に「生活の本拠」があるかどうかは、住居、職業、資産の所在、親族の居住状況、国籍等の客観的事実によって判断することとされています。

　外国出身のプロスポーツ選手の場合には、日本国籍を保有していないことや、①日本でのプロ契約の期間は、1年未満であること、②シーズン中、家族を帯同していないこと、③シーズンオフには住居を引き払って帰国すること、などであるときには、一般的には、国内に住所（生活の本拠）がある又は継続して1年以上の居所を有しているとはいえないため、非居住者に該当すると考えられます（国税庁タックスアンサー、No.2012QAのリンク）。

　ただし、実質的に上記①～③に該当しないと認められる場合には、居住者に該当すると判断されることがあります。

第4節　居住形態別の課税所得の範囲及び課税方式

　我が国の所得税法は、個人の居住形態によって個人を居住者、非永住者及び非居住者の3種類に区分していますが、このうち非永住者は居住者の中の1形態として定められているので、居住者には、「非永住者以外の居住者（永住者）」と「非永住者である居住者」との2形態があることになります。

　それぞれの課税所得の範囲及び課税方式を居住形態別に整理すると、次ページの**図表2**のとおりです（所法5、7）。

【図表2】居住形態別の課税所得の範囲及び課税方式

区　分		課税所得	課税方式
居住者	永住者	全ての所得（全世界所得）	原則として総合課税
	非永住者	① 国外源泉所得（国外にある有価証券の譲渡による所得として政令で定めるものを含む。②及び③において同じ。）以外の所得 ② 国外源泉所得で、国内において支払われたもの。 ③ 国外源泉所得で、国外から送金されたもの。	
非居住者		国内源泉所得	総合課税又は源泉分離課税

＊　総合課税の対象とされる所得の中には、租税特別措置法により申告分離課税又は源泉分離課税とされるものがあります。

＊　国内源泉所得及び国外源泉所得は、それぞれ限定列挙されているので、両方を合わせて「全ての所得」になるわけではありません。

所得分類	国外源泉所得以外の所得		国外源泉所得		
	国内源泉所得	その他	国内払い	国内送金	その他

　この図表中の「国内源泉所得」の右の「その他」は、国内において生ずる所得であっても国内源泉所得に含まれないものがあることを示しています。例えば、内国法人が発行した株式の譲渡による所得は、一般的には国内源泉所得に該当するといえますが、非居住者の課税所得の範囲としては、買集めや事業譲渡類似のものなど一定の譲渡によるものに限られています（57ページの「ⅳ」参照）。

　また、図表中の「国内払い・国内送金」の右の「その他」は、文字どおり、国外において生ずる所得であって国内払いでも国内送金でもないものを指しています。

イ　国内源泉所得の種類及び内容

上記**図表2**中の「**国内源泉所得**」の種類及び内容については、所得税法上、次の**図表3**のように17種類が定められています（所法161①）。

なお、17種類の国内源泉所得の課税関係については、46ページ以下において順次それぞれについて解説しています。

【図表3】国内源泉所得の種類及び内容

種　類	内　容
①　国内の恒久的施設帰属所得（以下の②から⑰に該当するものを含む。）	非居住者が国内の恒久的施設を通じて事業を行う場合において、当該恒久的施設が当該非居住者から独立して事業を行う事業者であるとしたならば、当該恒久的施設が果たす機能、当該恒久的施設において使用する資産、当該恒久的施設と当該非居住者の事業場等（政令で定めるものであって当該恒久的施設以外のものをいう。）との間の内部取引その他の状況を勘案して、当該恒久的施設に帰せられるべき所得（当該恒久的施設の譲渡により生ずる所得を含む。）（所法161①一、所令279）
②　国内にある資産の運用又は保有により生ずる所得（以下の⑧から⑯に該当するものを除く。）	国内にある資産の運用又は保有により生ずる所得（所法161①二、所令280）
③　国内にある資産の譲渡により生ずる所得	国内にある資産の譲渡により生ずる所得として政令で定めるもの（所法161①三、所令281）

④ 組合契約事業利益の配分	民667①《組合契約》に規定する組合契約（これに類するものとして政令で定める契約を含む。）に基づいて恒久的施設を通じて行う事業から生ずる利益で当該組合契約に基づいて配分を受けるもののうち政令で定めるもの（所法161①四、所令281の2）
⑤ 国内にある土地等の譲渡による所得	国内にある土地若しくは土地の上に存する権利又は建物及びその附属設備若しくは構築物の譲渡による対価（政令で定めるものを除く。）（所法161①五、所令281の3）
⑥ 国内における人的役務提供事業の所得	国内において人的役務の提供を主たる内容とする事業で政令で定めるものを行う者が受ける当該人的役務の提供に係る対価（所法161①六、所令282）
⑦ 国内にある不動産の賃貸料等	国内にある不動産、国内にある不動産の上に存する権利若しくは採石法の規定による採石権の貸付け（地上権又は採石権の設定その他他人に不動産、不動産の上に存する権利又は採石権を使用させる一切の行為を含む。）、鉱業法の規定による租鉱権の設定又は居住者若しくは内国法人に対する船舶若しくは航空機の貸付けによる対価（所法161①七）
⑧ 内国法人の発行する債券の利子等	所法23①《利子所得》に規定する利子等のうち次に掲げるもの（所法161①八） ⅰ 日本国の国債若しくは地方債又は内国法人の発行する債券の利子 ⅱ 外国法人の発行する債券の利子のうち当該外国法人の恒久的施設を通じて行う事業に係るもの。 ⅲ 国内にある営業所等に預け入れられた預貯金の利子 ⅳ 国内にある営業所等に信託された合同運用信託、公社債投資信託又は公募公社債等運用投資信託の収益の分配

⑨ 内国法人から受ける配当等		所法24①《配当所得》に規定する配当等のうち次に掲げるもの（所法161①九） i 内国法人から受ける剰余金の配当、利益の配当、剰余金の分配、金銭の分配又は基金利息 ii 国内にある営業所等に信託された投資信託（公社債投資信託及び公募公社債等運用投資信託を除く。）又は特定受益証券発行信託の収益の分配
⑩ 国内業務に係る貸付金利子		国内において業務を行う者に対する貸付金等で当該業務に係るものの利子（政令で定めるものを加除する。）（所法161①十、所令283）
⑪ 国内業務に係る使用料等		国内において業務を行う者から受ける次に掲げる使用料又は対価で当該業務に係るもの（所法161①十一、所令284） i 工業所有権その他の技術に関する権利、特別の技術による生産方式若しくはこれらに準ずるものの使用料又はその譲渡による対価 ii 著作権（出版権及び著作隣接権その他これに準ずるものを含む。）の使用料又はその譲渡による対価 iii 機械装置その他政令で定める用具の使用料
⑫ 国内において行う勤務に係る給与その他国内の人的役務の提供に対する報酬、公的年金等、退職手当等		次に掲げる給与、報酬又は年金（所法161①十二、所令285） i 俸給、給料、賃金、歳費、賞与又はこれらの性質を有する給与その他の人的役務の提供に対する報酬のうち、国内で行う勤務その他の人的役務の提供（内国法人の役員として国外において行う勤務その他の政令で定める人的役務の提供を含む。）に基因するもの。 ii 所法35③《公的年金等の定義》に規定する公的年金等（政令で定めるものを除く。） iii 所法30①《退職所得》に規定する退職手当等のうちその支払を受ける者が居住者であった期間に行った勤務その他の人的役務の提供（内国法人の役員として非居住者であった期間に行った勤務その他の政令で定める人的役務の提供を含む。）に基因するもの。

⑬	国内において行う事業の広告宣伝のための賞金	国内において行う事業の広告宣伝のための賞金として政令で定めるもの（所法161①十三、所令286）
⑭	国内にある営業所等を通じた生命保険契約に基づく年金等	国内にある営業所等又は国内において契約の締結の代理をする者を通じて締結した生命保険会社又は損害保険会社の締結する保険契約その他の年金に係る契約で政令で定めるものに基づいて受ける年金（所法209二《源泉徴収を要しない年金》に掲げる年金を除く。）で上記⑫ⅰに該当するもの以外のもの（年金支払開始日以後に受ける一定の剰余金等を含む。）（所法161①十四、所令287）
⑮	国内にある営業所等が受け入れた定期積金の給付補塡金等	次に掲げる給付補塡金、利息、利益又は差益（所法161①十五） ⅰ 所法174三《内国法人に係る所得税の課税標準》に掲げる給付補塡金のうち国内にある営業所等が受け入れた定期積金に係るもの。 ⅱ 所法174四に掲げる給付補塡金のうち国内にある営業所等が受け入れた同号に規定する掛金に係るもの。 ⅲ 所法174五に掲げる利息のうち国内にある営業所等を通じて締結された同号に規定する契約に係るもの。 ⅳ 所法174六に掲げる利益のうち国内にある営業所等を通じて締結された同号に規定する契約に係るもの。 ⅴ 所法174七に掲げる差益のうち国内にある営業所等が受け入れた預貯金に係るもの。 ⅵ 所法174八に掲げる差益のうち国内にある営業所等又は国内において契約の締結の代理をする者を通じて締結された同号に規定する契約に係るもの。

⑯　国内において事業を行う者に対する出資につき、匿名組合契約等に基づいて受ける利益の分配	国内において事業を行う者に対する出資につき、匿名組合契約（これに準ずる契約として政令で定めるものを含む。）に基づいて受ける利益の分配（所法161①十六、所令288）
⑰　その他の国内源泉所得	上記に掲げるもののほか、その源泉が国内にある所得として政令で定めるもの（所法161①十七、所令289）

☐　国外源泉所得の種類及び内容

　14ページの**図表2**中の「**国外源泉所得**」の種類及び内容については、所得税法上、外国税額控除の規定の中で、次の**図表4**のように定められています（所法95④）。この国外源泉所得は、内容としては、国内源泉所得の裏返しでほぼ同様の規定ぶりとなっていますが、異なるところもあるので留意してください。

【図表４】国外源泉所得の種類及び内容

種　類	内　容
① 国外事業所等の帰属所得	居住者が国外事業所等（国外にある恒久的施設に相当するものその他の政令で定めるものをいう。）を通じて事業を行う場合において、当該国外事業所等が当該居住者から独立して事業を行う事業者であるとしたならば、当該国外事業所等が果たす機能、当該国外事業所等において使用する資産、当該国外事業所等と当該居住者の事業場等（政令で定めるものであって当該国外事業所等以外のものをいう。）との間の内部取引その他の状況を勘案して、当該国外事業所等に帰せられるべき所得（当該国外事業所等の譲渡により生ずる所得を含み、以下の⑮に該当するものを除く。）（所法95④一、所令225の２）
② 国外にある資産の運用又は保有により生ずる所得	国外にある資産の運用又は保有により生ずる所得（所法95④二、所令225の３）
③ 国外にある資産の譲渡による所得	国外にある資産の譲渡により生ずる所得として政令で定めるもの（所法95④三、所令225の４）
④ 国外における人的役務提供事業の所得	国外において人的役務の提供を主たる内容とする事業で政令で定めるものを行う者が受ける当該人的役務の提供に係る対価（所法95④四、所令225の５）
⑤ 国外にある不動産の賃貸料等	国外にある不動産、国外にある不動産の上に存する権利若しくは国外における採石権の貸付け（地上権又は採石権の設定その他他人に不動産、不動産の上に存する権利又は採石権を使用させる一切の行為を含む。）、国外における租鉱権の設定又は非居住者若しくは外国法人に対する船舶若しくは航空機の貸付けによる対価（所法95④五）

⑥ 外国法人の発行する債券の利子等		所法23①（利子所得）に規定する利子等及びこれに相当するもののうち次に掲げるもの（所法95④六）
	ⅰ	外国の国債若しくは地方債又は外国法人の発行する債券の利子
	ⅱ	国外にある営業所等に預け入れられた預金又は貯金の利子
	ⅲ	国外にある営業所等に信託された合同運用信託若しくはこれに相当する信託、公社債投資信託又は公募公社債等運用投資信託若しくはこれに相当する信託の収益の分配
⑦ 外国法人から受ける配当等		所法24①（配当所得）に規定する配当等及びこれに相当するもののうち次に掲げるもの（所法95④七）
	ⅰ	外国法人から受ける剰余金の配当、利益の配当若しくは剰余金の分配又は金銭の分配若しくは基金利息に相当するもの。
	ⅱ	国外にある営業所等に信託された投資信託（公社債投資信託並びに公募公社債等運用投資信託及びこれに相当する信託を除く。）又は特定受益証券発行信託若しくはこれに相当する信託の収益の分配
⑧ 国外業務に係る貸付金利子		国外において業務を行う者に対する貸付金等で当該業務に係るものの利子（政令で定めるものを加除する。）（所法95④八、所令225の6）
⑨ 国外業務に係る使用料等		国外において業務を行う者から受ける次に掲げる使用料又は対価で当該業務に係るもの（所法95④九、所令225の7）
	ⅰ	工業所有権その他の技術に関する権利、特別の技術による生産方式若しくはこれらに準ずるものの使用料又はその譲渡による対価
	ⅱ	著作権（出版権及び著作隣接権その他これに準ずるものを含む。）の使用料又はその譲渡による対価
	ⅲ	機械、装置その他政令で定める用具の使用料

⑩ 国外において行う勤務に係る給与その他国外の人的役務の提供に対する報酬、年金		次に掲げる給与、報酬又は年金（所法95④十、所令225の8） i 俸給、給料、賃金、歳費、賞与又はこれらの性質を有する給与その他の人的役務の提供に対する報酬のうち、国外において行う勤務その他の人的役務の提供（内国法人の役員として国外において行う勤務その他の政令で定める人的役務の提供を除く。）に基因するもの。 ii 外国の法令に基づく保険又は共済に関する制度で所法31一、二《退職手当等とみなす一時金》に規定する法律の規定による社会保険又は共済に関する制度に類するものに基づいて支給される年金等 iii 所法30①《退職所得》に規定する退職手当等のうちその支払を受ける者が非居住者であった期間に行った勤務その他の人的役務の提供（内国法人の役員として非居住者であった期間に行った勤務その他の政令で定める人的役務の提供を除く。）に基因するもの。
⑪ 国外において行う事業の広告宣伝のための賞金		国外において行う事業の広告宣伝のための賞金として政令で定めるもの（所法95④十一、所令225の9）
⑫ 国外にある営業所等を通じた保険契約に基づく年金等		国外にある営業所等又は国外において契約の締結の代理をする者を通じて締結した外国保険業者の締結する保険契約その他の年金に係る契約で政令で定めるものに基づいて受ける年金（年金支払開始日以後に受ける一定の剰余金等を含む。）（所法95④十二、所令225の10）

⑬ 国外にある営業所等が受け入れた定期積金の給付補塡金等	次に掲げる給付補塡金、利息、利益又は差益（所法95④十三） i 所法174三《内国法人に係る所得税の課税標準》に掲げる給付補塡金のうち国外にある営業所等が受け入れた定期積金に係るもの。 ii 所法174四に掲げる給付補塡金に相当するもののうち国外にある営業所等が受け入れた同号に規定する掛金に相当するものに係るもの。 iii 所法174五に掲げる利息に相当するもののうち国外にある営業所等を通じて締結された同号に規定する契約に相当するものに係るもの。 iv 所法174六に掲げる利益のうち国外にある営業所等を通じて締結された同号に規定する契約に係るもの。 v 所法174七に掲げる差益のうち国外にある営業所等が受け入れた預金又は貯金に係るもの。 vi 所法174八に掲げる差益に相当するもののうち国外にある営業所等又は国外において契約の締結の代理をする者を通じて締結された同号に規定する契約に相当するものに係るもの。
⑭ 国外において事業を行う者に対する出資につき、匿名組合契約等に基づいて受ける利益の分配	国外において事業を行う者に対する出資につき、匿名組合契約（これに準ずる契約として政令で定めるものを含む。）に基づいて受ける利益の分配（所法95④十四、所令225の11）
⑮ 国外において行う事業に係る国際運輸業所得	国内及び国外にわたって船舶又は航空機による運送の事業を行うことにより生ずる所得のうち国外において行う業務につき生ずべき所得として政令で定めるもの（所法95④十五、所令225の12）
⑯ 租税条約により相手国等で課税できる所得	租税条約の規定により相手国等において租税を課することができることとされる所得のうち政令で定めるもの（所法95④十六、所令225の13）

| ⑰ その他の国外源泉所得 | 上記に掲げるもののほか、その源泉が国外にある所得として政令で定めるもの（所法95④十七、所令225の14） |

(注) 上記**図表4**の③の「国外にある資産の譲渡による所得として政令で定めるもの」とは、次に掲げる資産の譲渡等により生ずる所得をいいます（所令225の4①）。
 i 国外にある不動産、国外にある不動産の上に存する権利、国外における鉱業権、国外における採石権又は国外にある山林
 ii 外国法人の発行する株式又は外国法人の出資者の持分で、その外国法人の発行済株式又は出資の総数又は総額の一定割合以上に相当する数又は金額の株式又は出資を所有する場合にその外国法人の本店又は主たる事務所の所在する国又は地域においてその譲渡による所得に対して外国所得税が課されるもの。
 iii 不動産関連法人の株式（投資口を含む。次のivにおいて同じ。）
 iv 国外にあるゴルフ場の所有又は経営に係る法人の株式を所有することがそのゴルフ場を一般の利用者に比して有利な条件で継続的に利用する権利を有する者となるための要件とされている場合における当該株式
 v 国外にあるゴルフ場その他の施設の利用に関する権利

八 永住者（非永住者以外の居住者）の課税所得の範囲

　居住者のうち非永住者以外の者を「**永住者**」と称します。その永住者の課税所得の範囲は、14ページの**図表2**のとおり、全ての所得です（所法7①一）。その課税方式は、原則として総合課税です。
　(注) 租税特別措置法により分離課税とされるものがあります（35ページの口参照）。

二 非永住者の課税所得の範囲

居住者のうち非永住者に該当する居住者の課税所得の範囲は、14ページの**図表2**のとおり、次に掲げる所得です（所法7①二）。

i	国外源泉所得（国外にある有価証券の譲渡により生ずる所得として政令で定めるものを含む。以下 ii 及び iii において同じ。）以外の所得
ii	国外源泉所得で国内において支払われたもの。
iii	国外源泉所得で国外から送金されたもの。

なお、国外源泉所得には、「国外にある有価証券の譲渡により生ずる所得として政令で定めるもの」が含まれることとされており、その内容は、有価証券でその所有期間が10年以上であるもののうち、次に掲げるものの譲渡による所得です（所法7①、所令17）。

i	外国金融商品市場において譲渡されるもの。
ii	外国金融商品取引業者への売委託により譲渡されるもの。
iii	外国金融商品取引業者又は国外において投資信託委託会社と同種類の業務を行う者の営業所等に開設された口座に保管の委託がされているものなど。

非永住者の課税方式は、永住者同様、原則として総合課税です。
　（注）　租税特別措置法により分離課税とされるものがあります（35ページの口参照）。

居住者である非永住者の確定申告方式についても、居住者である永住者と原則として同様の方式とされていますが、その年において非永住者であった期間を有する場合には、その者の国籍、国内に住所又は居所を有していた期間その他の財務省令で定める事項を記載した書類を確定申告書に添付しなければならないこととされています（所法120⑦）。

　財務省令で定める事項とは、次に掲げる事項です。

i	確定申告書を提出する者の氏名、国籍及び住所又は居所
ii	その年の前年以前10年内の各年において、国内に住所又は居所を有することとなった日及び有しないこととなった日並びに国内に住所又は居所を有していた期間
iii	その年において非永住者、非永住者以外の居住者及び非居住者であったそれぞれの期間
iv	その年において非永住者であった期間内に生じた次に掲げる金額 　・　国外源泉所得以外の所得の金額 　・　国外源泉所得の金額並びに当該金額のうち、国内において支払われた金額及び国外から送金された金額
v	その他参考となるべき事項

A　国内において支払われたもの

　14ページの**図表2**中、非永住者については、国外源泉所得で、「国内において支払われたもの」と「国外から送金されたもの」が課税対象とされています。この場合の「国内において支払われ

たもの」とは、次のようなものをいうこととされています（所基通7-4）。

i	その非永住者の国外にある営業所等と国外の顧客との間に行われた商取引の対価で、為替等によりその非永住者の国内にある営業所等に直接送付され、若しくは当該国内にある営業所等に係る債権と相殺され、又は当該国内にある営業所等の預金口座に直接振り込まれたもの。
ii	その非永住者の国外にある不動産等の貸付けによる賃貸料で、為替等によりその非永住者に直接送付され、又はその非永住者の国内にある預金口座に直接振り込まれたもの。

B 国外から送金されたもの

14ページの**図表2**中の「国外から送金されたもの」の「送金」には、国内への通貨の持込み又は小切手、為替手形、信用状その他の支払手段による通常の送金のほか、次のような行為が含まれることとされています（所基通7-6）。

i	貴金属、公社債券、株券その他の物を国内に携行し又は送付する行為で、通常の送金に代えて行われたと認められるもの。
ii	国内において借入れをし又は立替払いを受け、国外にある自己の預金等によりその債務を弁済することとするなどの行為で、通常の送金に代えて行われたと認められるもの。

ホ　非居住者の課税所得の範囲

　居住者以外の個人を「**非居住者**」といいます。その非居住者の課税所得の範囲は、14ページの**図表2**のとおり、国内源泉所得に限られています（所法7①三）。

　ただし、非居住者の場合、恒久的施設を有するか否か、恒久的施設帰属所得を有するか否かによって、総合課税の対象となる所得の範囲が異なります。総合課税の対象となる所得以外の所得は、原則として源泉分離課税の対象となります。

　（注）　総合課税の対象とされる所得の中には、租税特別措置法により申告分離課税又は源泉分離課税とされるものがあります（35ページの口参照）。

　非居住者の具体的な課税方法については、次の31ページの**第5節**で解説しています。

ヘ　所得税法及び租税特別措置法の規定の仕方

　所得税法では、前述のとおり、課税所得の範囲や課税方式について居住形態別に規定していますが、所得税法及び租税特別措置法では、それぞれの規定の適用対象者の範囲を明らかにするために、より具体的に次のように区別して規定しているので、留意を要します。

A　所得税法

　所得税法では、第2編において「居住者の納税義務」について、第3編において「非居住者及び法人の納税義務」について、それぞれ規定しています。

　また、源泉徴収については、第4編「源泉徴収」において居住者（永住者を含む。）と非居住者の別に、それぞれ規定しています。同編の第1章から第4章までは居住者について、第5章では非居住者について規定しています。

B　租税特別措置法

　租税特別措置法では、次ページのように、それぞれ特例の適用対象者の範囲について区別して規定しています。

A	すべての納税者を対象とする場合は、「個人」として規定		（例） 措法41（住宅借入金等を有する場合の所得税額の特別控除）
B	適用対象者を限定する場合		
	i	「居住者（非永住者を含む。）」に限定して規定	（例） 措法3の3（国外で発行された公社債等の利子所得の分離課税）
	ii	「居住者（非永住者を含む。）及び恒久的施設を有する非居住者」に限定して規定	（例） 措法37の10（一般株式等に係る譲渡所得等の課税の特例）
	iii	「恒久的施設を有する非居住者」に限定して規定	（例） 措法37の14の3（合併等により外国親法人株式等の交付を受ける場合の課税の特例）
	iv	「恒久的施設を有しない非居住者」に限定して規定	（例） 措法37の12（恒久的施設を有しない非居住者の株式等の譲渡に係る国内源泉所得に対する課税の特例）

　なお、所得税法では、総合課税を原則としていますが、租税特別措置法では、特例として申告分離課税又は源泉分離課税としている所得が多数あるので、留意してください。

第5節 非居住者の課税方法

　非居住者の課税方法については、所得税法では、次のように規定しています。

> **（非居住者に対する課税の方法）**
> **第164条**　非居住者に対して課する所得税の額は、次の各号に掲げる非居住者の区分に応じ当該各号に定める国内源泉所得について、次節第一款（非居住者に対する所得税の総合課税）の規定を適用して計算したところによる。
> 　一　恒久的施設を有する非居住者　次に掲げる国内源泉所得
> 　　イ　第161条第1項第1号及び第4号（国内源泉所得）に掲げる国内源泉所得
> 　　ロ　第161条第1項第2号、第3号、第5号から第7号まで及び第17号に掲げる国内源泉所得（同項第1号に掲げる国内源泉所得に該当するものを除く。）
> 　二　恒久的施設を有しない非居住者　第161条第1項第2号、第3号、第5号から第7号まで及び第17号に掲げる国内源泉所得
> 2　次の各号に掲げる非居住者が当該各号に定める国内源泉所得を有する場合には、当該非居住者に対して課する所得税の額は、前項の規定によるもののほか、当該各号に定める国内源泉所得について第3節（非居住者に対する所得税の分離課税）の規定を適用して計算したところによる。
> 　一　恒久的施設を有する非居住者　第161条第1項第8号から第16号までに掲げる国内源泉所得（同項第1号に掲げる国内源泉所得に該

二　恒久的施設を有しない非居住者　第161条第1項第8号から第16号までに掲げる国内源泉所得

　この所得税法164条の規定ぶりを図表に整理すると、次の**図表5**のようになります。

【図表5】非居住者の課税方式及び課税所得の範囲

区　分	課税方式	国内源泉所得
恒久的施設を有する者	総合課税	①、④（所法164①一イ）
		②、③、⑤〜⑦、⑰（①に該当するものを除く。）（所法164①一ロ）
	源泉分離課税	⑧〜⑯（①に該当するものを除く。）（所法164②一）
恒久的施設を有しない者	総合課税	②、③、⑤〜⑦、⑰（所法164①二）
	源泉分離課税	⑧〜⑯（所法164②二）

＊　○中の数字は、所得税法161条1項の号数（15ページの**図表3**の①から⑰までの番号）です。

＊　総合課税の対象とされるの所得の中には、租税特別措置法により申告分離課税又は源泉分離課税とされるものがあります（35ページの口参照）。

　上記の所得税法の規定を受けて、所得税基本通達164-1において、非居住者の課税関係の概要を整理していますが、筆者なりに再整理すると、次の**図表6**のようになります。

第5節　非居住者の課税方法

【図表6】非居住者の課税関係の概要

非居住者の区分 / 国内源泉所得（内容は、図表3）	非居住者 恒久的施設を有する者	非居住者 恒久的施設を有しない者
① 国内の恒久的施設帰属所得（②から⑰に該当するものを含む。）	総合課税（⑤から⑯に該当するものは、源泉徴収の上、総合課税）	（対象外）
② 国内にある資産の運用又は保有により生ずる所得（⑧から⑯に該当するものを除く。）	総合課税（恒久的施設帰属所得以外のものは、特定のもののみ）	
③ 国内にある資産の譲渡により生ずる所得	総合課税（恒久的施設帰属所得以外のものは、特定のもののみ）	
④ 組合契約事業利益の配分	源泉徴収の上、総合課税	（対象外）
⑤ 国内にある土地等の譲渡による所得 ⑥ 国内における人的役務提供事業の所得 ⑦ 国内にある不動産の賃貸料等	源泉徴収の上、総合課税（所法212）	
⑧ 内国法人の発行する債券の利子等 ⑨ 内国法人から受ける配当等 ⑩ 国内業務に係る貸付金利子 ⑪ 国内業務に係る使用料等 ⑫ 国内において行う勤務に係る給与その他国内の人的役務の提供に対する報酬、公的年金等、退職手当等 ⑬ 国内において行う事業の広告宣伝のための賞金	源泉分離課税（所法169、212）	

⑭ 国内にある営業所等を通じた生命保険契約に基づく年金等 ⑮ 国内にある営業所等が受け入れた定期積金の給付補塡金等 ⑯ 国内において事業を行う者に対する出資につき匿名組合契約等に基づく利益の分配	源泉分離課税 （所法169、212）
⑰ その他の国内源泉所得	総合課税

 * 総合課税の対象とされる所得の中には、土地建物等や株式等の譲渡所得等など、租税特別措置法により申告分離課税又は源泉分離課税とされるものがあります（35ページの口参照）。

イ その年中に居住形態等に変更があった場合の課税対象所得

　年の中途で非居住者が居住者となった場合又は年の中途で居住者が非居住者となった場合（5ページのイ参照）には、居住者であった期間内に生じたすべての所得と、非居住者であった期間内に生じた国内源泉所得とを基礎として課税対象の所得を計算することになります（所法102、165、所基通165－1）。

　また、総合課税の対象とされる所得は、32ページの**図表5**のとおり、恒久的施設を有するか否かによって対象所得の範囲が異なることになっているところ、例えば、恒久的施設に係る所得とそれ以外の総合課税の所得とを有していた納税者が、その年の中途において恒久的施設を有しなくなり、恒久的施設に係る所得以外の総合課税の所得のみになった場合には、その年の総合課税の対象となる所得は、次のⅰの金額とⅱの金額との合計額になります（所基通164－

4）。

i	その年中の恒久的施設を有している期間内に生じたすべての総合課税の国内源泉所得の金額
ii	その年中の恒久的施設を有していない期間内に生じた恒久的施設に係る所得以外の総合課税の国内源泉所得の金額

□　総合課税の所得のうち申告分離課税等の対象となるもの

　32ページの**図表5**及び**図表6**中の総合課税の対象となる所得については、租税特別措置法の規定により、申告分離課税又は源泉分離課税の対象となる場合があります。

　例えば、次に掲げる所得については、それぞれ次のようになります。

　　A　国内にある不動産の譲渡による所得

　国内にある不動産の譲渡による所得については、申告分離課税の対象となります（措法31、32）。

　　B　内国法人の発行する株式等の譲渡による所得

　内国法人の発行する株式等の譲渡による所得については、居住者に係るものは申告分離課税の対象となります（措法37の10、37

の11）が、非居住者に係るものは、次のようになります。

i	恒久的施設帰属所得に該当するものは申告分離課税の対象となる（措法37の12）。
ii	恒久的施設帰属所得に該当しないものは、株式の買集めなどの特定の場合に係る所得は申告分離課税の対象となるが、それ以外は原則として非課税とされている（56ページの**ホ**参照）。

C　内国法人から受ける利子配当等の所得

　内国法人から受ける利子配当等の所得については、次の**図表7**のようになります。なお、恒久的施設に帰属する総合課税の所得の中には、租税特別措置法により申告分離課税又は源泉分離課税とされるものがあります。同法適用後の図表は123ページの**図表19**のとおりです。

【図表7】非居住者の利子配当等の課税方式

区　分		利子等	配当等	
			上場株式等	非上場株式等
恒久的施設を有する者	恒久的施設に帰属するもの	源泉徴収の上、総合課税	源泉徴収の上、総合課税	源泉徴収の上、総合課税
	恒久的施設に帰属しないもの	源泉分離課税	源泉分離課税	源泉分離課税
恒久的施設を有しない者				

＊　非居住者が外国法人から受けるものは、国内源泉所得に該当しないため非課税です。

八　非居住者の国内での確定申告の方法

　非居住者に係る国内源泉所得は、33ページの**図表6**のとおり、源泉徴収のみで納税が完結するもの（源泉分離課税）が多いわけですが、国内にある不動産を賃貸したり譲渡したりしたなどして確定申告をすべき所得が生じた場合には、総合課税又は申告分離課税により我が国の所得税の確定申告をする必要があります。
　この場合、国内に住所や居所がないなどのため、申告手続等に支障があるときは、国内に住所等を有する人で各種手続を処理するのに都合のいい人を、「納税管理人」として定めることができます。
　納税管理人として届出をすれば、納税関係の書類等は納税管理人の住所等に送付等され、その納税管理人が納税者に代わって各種申告書等の提出や納税、その他の関係事項の処理をすることになります（通法117）。
　非居住者の確定申告については、次のニからトまでに留意してください。

ニ　退職所得の選択課税

　退職手当等で、国内源泉所得として課税の対象となるのは、「その支払を受ける者が居住者であった期間に行った勤務その他の人的

役務の提供に基因するもの」（15ページの**図表3**⑫ⅲ）とされています。したがって、非居住者に対して支払われる退職手当等が課税の対象とされるのは、居住者であった期間に行った勤務等に基因するものに限られるため、居住者であった期間と非居住者であった期間とがある場合には、その退職手当等の金額をそれぞれの期間に按分することになります（所基通161－41）。

　この退職手当等については、退職所得控除額を控除することなく、支払額を基に源泉分離課税の対象とされています。

　ただし、居住者に準じて勤続年数を基に退職所得控除額を控除して退職所得金額の計算をする方が有利な場合には、確定申告により源泉徴収税額の還付を受けることを選択することができます（所法171、173）。この選択をする場合の確定申告は、その退職手当等の支払を受けた年の翌年1月1日以後に行うこととされていますが、それ以前にその年の退職手当等の総額が確定した場合には、その確定した日以後に行うことができます。

ホ　非居住者に適用される所得控除

　所得控除は、居住者（永住者及び非永住者）である場合には、各種の所得控除の適用を受けることができますが、非居住者である場合には、雑損控除、寄附金控除及び基礎控除に限って適用を受けることができます（所法165①）。

なお、上記ニの退職所得の選択課税の適用を受ける場合には、雑損控除、寄附金控除及び基礎控除についても適用を受けることができません（所法171）。

ヘ 非居住者に適用される税額控除

居住者（永住者及び非永住者）については、配当控除、外国税額控除、住宅ローン控除などの適用を受けることができますが、非居住者については、次のとおりとされています。

A 配当控除の適用

我が国の内国法人が、我が国の居住者である株主に配当金を支払っても、法人税法上損金に算入されず法人税が課されます。その法人税が課された会社の利益を株主が配当金として支払を受けると、その株主に対して所得税が課されます。そうすると、同一所得について二重に課税されることになります。そこで、これを調整するために設けられた制度が「配当控除」です（所法92①）。

このため、例えば外国法人などで我が国の法人税が課されない会社の配当金については、配当控除の適用対象外となっています。また、投資法人の支払配当のように、法人税の計算上その配当金を損金に算入することになっている会社の配当金などについても、配当控除の適用対象外となっています。

ただし、外国法人の国内にある営業所、事務所その他これらに準ずるものに信託された証券投資信託の収益の分配に係る配当所得については、配当控除の適用対象とすることとされています（所法92①）。

　この配当控除は、非居住者についても、内国法人から受ける配当所得であれば居住者と同様に適用対象とすることとされています（所法165①）。

> **コラム**
>
> ●配当控除の対象とならない配当等
> 　次に掲げる配当所得については、配当控除は適用されません（所法92①、措法8の4③、9①）。
> ①　外国法人（外国の投資信託を含む。）から支払を受ける配当等
> 　　ただし、外国法人の国内にある営業所、事務所その他これらに準ずるものに信託された証券投資信託の収益の分配に係る配当等は、配当控除可
> ②　特定外貨建等証券投資信託の収益の分配に係る配当等
> ③　外国株価指数連動型特定株式投資信託の収益の分配に係る配当等
> ④　投資法人の投資口の配当等
> ⑤　特定目的会社（SPC）から支払を受ける配当等
> ⑥　特定受益証券発行信託の収益の分配に係る配当等
> ⑦　特定目的信託（社債的受益権を含む。）に係る配当等
> ⑧　機関投資家私募の法人課税信託から支払を受ける配当等
> ⑨　申告分離課税の選択をした公募上場等の株式等の配当等
> ⑩　申告不要の選択をした配当等
> ⑪　源泉分離課税の対象となる私募の公社債等運用投資信託の受益権及び私募の社債的受益権の収益の分配に係る配当等

⑫　基金利息

B　外国税額控除の適用

　納税者の所得について我が国において課税対象とされる場合において、その同一所得について外国においても課税対象とされる場合には、二国間において二重課税の状態になるので、それを調整するために設けられている制度が「外国税額控除」です。

　居住者が外国所得税を納付することとなる場合には、その年分の所得税の額のうち、その年において生じた外国所得金額に対応するものとして一定の方法により計算した金額を限度として、その外国所得税の額をその年分の所得税の額から控除することとされています（所法95①）。

　なお、居住者のうち非永住者の国外源泉所得については、国外において支払われ、かつ、国外から送金されなかったものは、我が国の所得税の課税対象外とされています。このため、これらの所得に係る外国所得税は、当該非永住者の外国税額控除の対象にはなりません（所基通95－29）。

　一方、非居住者に係る外国税額控除については、恒久的施設を有する者が外国所得税を納付する場合に限られています（所法

165の6①)。

　また、その控除対象となる外国所得税の額は、「恒久的施設帰属所得に係る所得の金額のうち国外源泉所得に係るものとして政令で定める金額」を限度として計算することとされています。

C　分配時調整外国税相当額控除

　分配時調整外国税相当額控除は、居住者が、集団投資信託の収益の分配を受ける場合に、当該集団投資信託が納付した外国所得税相当額のうち当該納税者が支払を受ける収益の分配に対応する部分の金額として源泉徴収の際に控除された金額について、その年分の所得税の額から控除するというものです（所法93①）。

　簡略にいうと、集団投資信託が納付した外国所得税を納税者が納付したかのように再計算して納税者の税額控除の対象とするわけで、外国税額控除に近い趣旨の税額控除だということになります。

　この場合の「集団投資信託の収益の分配」とは、株式等証券投資信託、公社債投資信託、公募の公社債等運用投資信託、公募の非公社債等投資信託、特定受益証券発行信託及び合同運用信託（貸付信託）の収益の分配をいいますが、次に掲げる収益の分配についても、同様とすることとされています（措法9の6①②③、9の6の2①②③、9の6の3①②③、9の6の4①②③）。

i	特定目的会社の利益の配当
ii	投資法人の投資口の配当等
iii	特定目的信託の受益権の剰余金の配当
iv	投資信託のうち法人課税信託に該当するものの受益権の剰余金の配当

　この控除は、非居住者についても適用対象となります。

　ただし、非居住者の場合には、恒久的施設を有する者に限られており、控除額も、恒久的施設帰属所得に限定して計算した所得税額に相当する金額が限度とされています（措法9の6②③、9の6の2②③、9の6の3②③、9の6の4②③）。

D　住宅ローン控除等の適用

　住宅借入金等特別控除、住宅耐震改修・住宅特定改修特別控除、認定住宅等新築等特別控除（措法41、41の19の2、41の19の3、41の19の4）といった税額控除の適用対象者は、「個人」とされており、個人の居住形態の違いによる区分をしていません。したがって、非居住者であっても、その特別控除の要件を充足すれば、確定申告をすることにより、原則として、これらの税額控除の適用を受けることができます。

ト　非居住者の納税地

　所得税の納税地は、原則として、納税者が次に掲げる場合のいずれに該当するかに応じ、それぞれ次に掲げる場所とされています（所法15、所令53）。

　非居住者の場合には、通常は、次の②、③又は④に該当するケースが多いと思われます。

①	国内に住所を有する場合	その住所地
②	国内に住所を有せず、居所を有する場合	その居所地
③	①及び②に掲げる場合を除き、恒久的施設を有する非居住者である場合	その恒久的施設を通じて行う事業に係る事務所、事業所その他これらに準ずるものの所在地（これらが2以上ある場合には、主たるものの所在地）
④	①又は②により納税地を定められていた者が国内に住所及び居所を有しないこととなった場合において、その者がその有しないこととなった時に③に掲げる事業に係る事務所、事業所その他これらに準ずるものを有せず、かつ、その納税地とされていた場所にその者の親族その他その者と特殊の関係を有する者が、引き続き又はその者に代わって居住しているとき。	その納税地とされていた場所
⑤	①から④までに掲げる場合を除き、16ページの⑦の対価（船舶又は航空機の貸付けによるものを除く。）を受ける場合	当該対価に係る資産の所在地（その資産が2以上ある場合には、主たる資産の所在地）

⑥	①から⑤までにより納税地を定められていた者がこれらのいずれにも該当しないこととなった場合（②により納税地を定められていた者については、②の居所が短期間の滞在地であった場合を除く。）	その該当しないこととなった時の直前において納税地であった場所
⑦	⑥に掲げる場合を除き、その者が国に対し所得税に関する法律の規定に基づく申告、請求その他の行為をする場合	その者が選択した場所（これらの行為が２以上ある場合には、最初にその行為をした際選択した場所）
⑧	⑥及び⑦に掲げる場合以外の場合	麹町税務署の管轄区域内の場所

第6節　国内源泉所得の種類及び内容

　前掲の**図表2**、**図表5**及び**図表6**中、非居住者の課税所得として「国内源泉所得」とあります。その「国内源泉所得」の種類及び内容については、所得税法上、15ページの**図表3**及び33ページの**図表6**のように定められています（所法161①）。

　この節では、17種類の国内源泉所得について、順次それぞれについて解説します。

> **コラム**
>
> ●**総合主義から帰属主義へ**
> 　平成26年の税制改正により、非居住者及び外国法人の課税方式について、従来の総合主義に基づく国内法を、2010年改定後のOECDモデル租税条約に沿った帰属主義に見直すこととされ、平成28年から適用することとされました。
> 　これに伴い所得税法においては、恒久的施設（permanent establishment ＝ PE）に重心を置き、非居住者に係る国内源泉所得を、人的帰属に着目した恒久的施設帰属所得と地理的帰属に着目したそれ以外の国内源泉所得とに大別することとされ、恒久的施設帰属所得については総合課税による税負担を求めることとし、それ以外の国内源泉所得については、資産の運用又は保有により生ずる所得や資産の譲渡により生ずる所得、不動産の賃貸料等の所得など総合課税の対象とするものを除き、源泉徴収のみで納税義務が完結

する分離課税とすることとされました。

イ　恒久的施設の範囲

　非居住者の課税方式及び課税所得の範囲は、国内の恒久的施設の有無によって異なるわけですが、この場合の「恒久的施設」とは、次に掲げるもの（国内にあるものに限る。）をいいます（所法２①八の四、所令１の２①②⑦）。

ⅰ		非居住者又は外国法人の国内にある支店、工場その他次のような事業を行う場所
	a	事業の管理を行う場所、支店、事務所、工場又は作業場
	b	鉱山、石油又は天然ガスの坑井、採石場その他の天然資源を採取する場所
	c	その他事業を行う一定の場所
ⅱ		非居住者又は外国法人の国内にある建設若しくは据付けの工事又はこれらの指揮監督の役務の提供を行う場所、非居住者又は外国法人の国内にある長期建設工事現場等
ⅲ		非居住者又は外国法人が国内に置く自己のために契約を締結する権限のある者その他これに準ずる者で国内において非居住者又は外国法人に代わって、その事業に関し反復して所定の契約を締結し又は当該非居住者若しくは外国法人によって重要な修正が行われることなく日常的に締結される所定の契約の締結のために反復して主要な役割を果たす者（「**契約締結代理人等**」という。）

　上記「ｃ」の「その他事業を行う一定の場所」には、倉庫、サー

バー、農園、養殖場、植林地、貸ビル等のほか、非居住者が国内においてその事業活動の拠点としているホテルの一室、展示即売場その他これらに類する場所が含まれることとされています（所基通161－1）。

ホテルの一室を拠点として事業活動を行う場合のその一室や必要に応じて移転する展示即売場、物理的場所の一部を構成するサーバーなどについても事業場として恒久的施設に該当することとされていることに留意してください。

また、国内において非居住者又は外国法人に代わって行動する者が、その事業に係る業務を、当該非居住者又は外国法人に対し独立して行い、かつ、通常の方法により行う場合には、その者（「**独立代理人**」という。）は、契約締結代理人等に含まれません（所令1の2⑧、所基通161－6）。

□ 恒久的施設帰属所得の内容

A　恒久的施設帰属所得の所得区分

33ページの**図表6**の「国内源泉所得」の筆頭に「国内の恒久的施設帰属所得」が掲げられています。その恒久的施設帰属所得とは、国内の恒久的施設を通じて「**事業**」を行う場合において、その「恒久的施設に帰せられるべき所得」をいうこととされています（所法161①）。

したがって、この恒久的施設帰属所得は「事業」による所得ですから、基本的に事業所得に属するものと考えられますが、「恒久的施設に帰せられるべき所得」の内容からして、**図表6**の②から⑰までに掲げる所得にも重複して該当するものがある場合があります。このことは、31ページの所得税法164条1項1号ロ及び2項1号の規定ぶりから分かります（所基通164－2）。

　重複する場合には、**図表6**の①の所得を優先し、その②から⑰までの所得は①の所得に含まれるものとして総合課税の対象となります。そのうち④から⑯までに掲げる所得については、源泉徴収の上、総合課税の対象となります。

　（注）　租税特別措置法により分離課税とされるものがあります（35ページのロ参照）。

　このように、恒久的施設帰属所得には所得税法上の事業の所得以外の当該施設に関連するその他の所得も含まれることとされています。

　このため、恒久的施設帰属所得は、いわゆる所得法上の10種類の所得区分に属さない独特の所得区分であるといえますが、どこまでの所得が恒久的施設帰属所得に含まれることになるのかについては解釈又は事実認定の域内と考えられます。

　ただし、課税される所得の金額の計算に当たっては、恒久的施設帰属所得の内容を10種類の所得区分に区分して、その他の国内源泉所得と合わせて、居住者の各種所得の計算の規定に準じて、それぞれの所得区分ごとに所得の金額を計算することになります。

その上で、損益通算や繰越控除の規定を適用することになります（所法165①②）。

> （注）　山林所得、譲渡所得又は一時所得で、恒久的施設帰属所得に係るものとその他の国内源泉所得に係るものがある場合には、これらの所得に係る特別控除額は、これらの所得をそれぞれ合算した所得について計算することとなります（所基通165－15）。

B　恒久的施設帰属所得の認識

恒久的施設帰属所得の内容は、所得税法上、次のように規定されています（所法161①一、所令279）。

「非居住者が国内の恒久的施設を通じて事業を行う場合において、当該恒久的施設が当該非居住者から独立して事業を行う事業者であるとしたならば、当該恒久的施設が果たす機能、当該恒久的施設において使用する資産、当該恒久的施設と当該非居住者の事業場等（政令で定めるものであって当該恒久的施設以外のものをいう。）との間の内部取引その他の状況を勘案して、当該恒久的施設に帰せられるべき所得（当該恒久的施設の譲渡による所得を含む。）」

要するに、その非居住者が有する恒久的施設それ自体を、その非居住者と異なる人格の事業者であると仮想して、その事業者の所得を計算しようとするわけですが、この恒久的施設帰属所得を認識するためには、次に掲げる ⅰ の分析を行うことにより、ⅱ を

特定することとされています(所基通161-8、161-9)。

i	恒久的施設及びその事業場等が果たす機能(リスクの引受け又はリスクの管理に関する人的機能、資産の帰属に係る人的機能その他の機能をいう。)並びに当該恒久的施設及びその事業場等に関する事実
ii	当該恒久的施設が果たす機能、当該恒久的施設において使用する資産、当該恒久的施設に帰せられるリスク、当該恒久的施設に帰せられる外部取引、内部取引、その他の恒久的施設帰属所得の認識に影響を与える状況

(イ) 恒久的施設が果たす機能の例示

「恒久的施設帰属所得に帰せられるべき所得」に当たるか否かの判定をする場合には、「恒久的施設が果たす機能」、「恒久的施設において使用する資産」、恒久的施設と非居住者の事業場等との間の「内部取引」その他の状況を勘案することとされています。

この場合の「恒久的施設が果たす機能」の主なものは、恒久的施設を通じて行う事業に従事する者に係る人的機能であると考えられるところ、その人的機能としては、次のとおり例示されています(所基通161-10)。

i 恒久的施設が果たすリスクの引受け又はリスクの管理に関する人的機能
ii 資産の帰属に係る人的機能

iii 研究開発に係る人的機能

iv 製造に係る人的機能

v 販売に係る人的機能

vi 役務提供に係る人的機能

(ロ) **恒久的施設において使用する資産の範囲**

「恒久的施設において使用する資産」の範囲については、次のとおり取り扱われています（所基通161－11、165の3－4）。

i 恒久的施設において使用する有形資産

ii 恒久的施設が無形資産の開発若しくは取得に係るリスクの引受け又は無形資産に係るリスクの管理に関する人的機能を果たす場合のそれらの無形資産

iii 恒久的施設が金融資産に係る信用リスク、市場リスク等のリスクの引受け又はリスクの管理に関する人的機能を果たす場合のそれらの金融資産

iv 賃借している固定資産、使用許諾を受けた無形資産等で恒久的施設において使用するもの。

(ハ) **内部取引の内容**

「内部取引」とは、非居住者の恒久的施設と事業場等との間で行われた資産の移転、役務の提供その他の事実で、独立の事業者の間で同様の事実があったとしたならば、これらの事業者の間で、資産の販売、資産の購入、役務の提供その他の取引

（資金の借入れに係る債務の保証保険契約に係る保険責任についての再保険の引き受けその他これらに類する取引として政令で定めるものを除きます。）が行われたと認められるものをいうこととされています（所法161②）。

　要するに、「内部取引」とは、その非居住者の事業に係る恒久的施設と事業場等との間の内部的な取引を指すものです。
　この場合の「恒久的施設」とは、その非居住者から分離独立した人格の事業者として擬制したものであり、一方、「事業場等」とは、その非居住者の事業に係る事業場その他これに準ずるものであって恒久的施設以外のものをいうとされています。

　この規定の趣旨は、恒久的施設と事業場等との内部取引を、独立企業間の取引と同様に見立てて、恒久的施設帰属所得を認識しようとするものです。

㈡　恒久的施設帰属所得を計算する場合の添付書類

　恒久的施設帰属所得について各種所得の金額を計算する場合には、その恒久的施設に帰せられる取引に係る明細を記載した書類その他一定の書類を作成しなければならないこととされています。
　また、内部取引に該当する事実がある場合には、その事実に係る明細を記載した書類その他一定の書類を作成しなければならないこととされています（所法166の2①②）。

(注) 非居住者の有する恒久的施設帰属所得に対して、その者の本国において所得税等の課税の対象とされる場合には、その税額は、外国税額控除の対象となります（所基通165の6－1）。

八　国内にある資産の判定

　33ページの**図表6**中の②及び③には、「国内にある資産」の運用・保有により生ずる所得又は譲渡により生ずる所得が国内源泉所得に該当するとされています。したがって、その資産が「国内にある」かどうかがその判定に当たって影響します。

　そこで、その判定に当たっては、下記**ニ**及び**ホ**に定めるところによるもののほか、おおむね次に掲げる資産の区分に応じ、それぞれ次に掲げる場所が国内にあるかどうかにより判定することとされています（所基通161－12）。

ⅰ	動産……その所在地。ただし、国外又は国内に向けて輸送中の動産については、その目的地
ⅱ	不動産又は不動産の上に存する権利……その不動産の所在地
ⅲ	登録された船舶又は航空機……その登録機関の所在地
ⅳ	鉱業権、租鉱権又は採石権等……その権利に係る鉱区又は採石場の所在地

ニ　資産の運用又は保有により生ずる所得の内容

　33ページの**図表6**中の②の「国内にある資産の運用又は保有によ

り生ずる所得」は、総合課税の対象となります。ただし、⑧から⑯までの所得に該当するものは、恒久的施設帰属に該当するものを除き、源泉徴収だけで課税関係を終了させるため、総合課税の対象から除外することとされています（所法161①二、所令280）。なお、不動産の賃貸料等に係る所得は、⑦の所得に含まれます（**図表5、6参照**）。

> （注）　租税特別措置法により分離課税とされるものがあります（35ページの口参照）。

資産の運用又は保有により生ずる所得には、次に掲げる資産の運用又は保有により生ずる所得が含まれることとされています（所令280①）。

i	公社債のうち日本国の国債若しくは地方債若しくは内国法人の発行する債券又は約束手形
ii	居住者に対する貸付金に係る債権で当該居住者の行う業務に係るもの以外のもの（33ページの**図表6**の⑩の貸付金利子を除く（所令280②）。）
iii	国内にある営業所等を通じて締結した生命保険契約、損害保険契約等に基づく保険金の支払又は剰余金の分配等を受ける権利

なお、所得税基本通達では、資産の運用又は保有により生ずる所得に該当するものとして、次のようなものが例示されています（所基通161－14）。

i	公社債を国内において貸し付けた場合の貸付料及び所令280に規定する国債、地方債、債券若しくは資金調達のために発行する約束手形に係る償還差益又は発行差金
ii	所令280に規定する債権の利子及び当該債権又は所法161に規定する貸付金に係る債権をその債権金額に満たない価額で取得した場合におけるその満たない部分の金額
iii	国内にある供託金について受ける利子

ホ 資産の譲渡による所得の内容

33ページの**図表6**中の③の「国内にある資産の譲渡により生ずる所得」について、恒久的施設帰属所得に該当しないものは、所得税法施行令281条に定めるものに限って総合課税の対象とされます（所法161①三、所令281）。

　（注）　租税特別措置法により分離課税とされるものがあります（35ページの口参照）。

課税対象となる所得の概要を列挙すると、次ページのようになります（所令281）。

i	国内にある不動産の譲渡による所得
ii	国内にある不動産の上に存する権利、鉱業権又は採石権の譲渡による所得
iii	国内にある山林の伐採又は譲渡による所得
iv	内国法人が発行する株式（株主となる権利、株式の割当てを受ける権利、新株予約権及び新株予約権の割当てを受ける権利を含む。）その他内国法人の出資者の持分（株式等という。）による所得で、次に掲げるもの。

	a	同一銘柄の内国法人の株式等の買集めをし、その所有者である地位を利用して、当該株式等をその内国法人若しくはその特殊関係者に対し、又はこれらの者若しくはその依頼する者のあっせんにより譲渡することによる所得 この場合の「株式等の買集め」とは、金融証券取引所等がその会員等に対し特定の銘柄の株式につき価格の変動その他売買状況等に異常な動きをもたらす基因となると認められる相当数の株式の買集めがあり、又はその疑いがあるものとしてその売買内容等につき報告又は資料の提出を求めた場合における買集めなどをいう。 また、「特殊関係者」とは、その内国法人又はその役員又は主要な株主等（その株式等の買集めをした者からその株式等を取得することによりその内国法人の主要な株主等となることとなる者を含む。）、これらの者の親族、これらの者の支配する法人、その内国法人の主要な取引先その他その内国法人とこれらに準ずる特殊の関係にある者をいう。
	b	内国法人の特殊関係株主等である非居住者が行うその内国法人の株式等の譲渡による所得（事業譲渡類似の株式等の譲渡による所得） この場合の「譲渡」は、次に掲げる要件を満たすものに限る。 ・　譲渡年以前３年内のいずれかの時において、その特殊関係株主等がその内国法人の発行済株式等の総数等の25％以上に相当する数等の株式等を所有していたこと。 ・　譲渡年において、その非居住者を含む特殊関係株主等が最初にその株式等を譲渡する直前のその内国法人の発行済株式等の総数等の５％以上に相当する数等の

	株式等を譲渡したこと。 また、「特殊関係株主等」とは、次に掲げる者をいう。 ・　その内国法人の一の株主等 ・　その一の株主等と同族関係者の範囲に該当する特殊の関係その他これに準ずる関係のある者 ・　その一の株主等が締結している一定の組合契約に係る組合財産であるその内国法人の株式等につき、その株主等に該当することとなる者
v	不動産関連法人の株式又は投資口の譲渡による所得 　この場合の「不動産関連法人」とは、その株式の譲渡の日から起算して365日前の日から当該譲渡の直前の時までの間のいずれかの時において、その有する資産の価額の総額のうちに国内にある土地建物等（一定の株式を含む。）の価額の合計額の占める割合が100分の50以上である法人をいう（所令281⑧）。
vi	国内にあるゴルフ場の所有又は経営に係る法人の株式又は出資を所有することがそのゴルフ場を一般の利用者に比して有利な条件で継続的に利用する権利を有する者となるための要件とされている場合における当該株式又は出資の譲渡による所得
vii	国内にあるゴルフ場その他の施設の利用に関する権利の譲渡による所得
viii	その他、非居住者が国内に滞在する間に行う国内にある資産の譲渡による所得

　したがって、例えば、株式等の譲渡による所得（恒久的施設帰属所得に該当するものを除く。）については、上記iv、v及びviのとおり、内国法人の発行する株式等を買い集めて一定の者に譲渡することによる所得や内国法人の特殊関係株主等である者がその株式等を譲渡することによる所得などに限って、課税対象とされます。

　ただし、例えば、非居住者に該当している日本人が、日本に滞

在する間に株式等を譲渡する場合の所得は、上記viiiに該当することになります。

なお、非居住者が公社債等を譲渡した場合の所得は課税対象外ですが、上記viiiに該当する場合には課税対象となります。

ヘ　組合契約事業利益の配分の所得の内容

33ページの**図表６**の④においては、「組合契約事業利益の配分」を国内源泉所得に含めることとされています。これは、民法に規定するその組合契約等に基づいて恒久的施設を通じて行う事業から生ずる利益で当該組合契約に基づいて配分を受けるものについて、源泉徴収の上で総合課税の対象とすることになっています。

④の所得について源泉徴収の対象とされているのは、経済社会のグローバル化に伴い、国際的な経済活動が複雑化多様化しており、組合契約等を通じて国際的な経済活動を行う事例がますます盛んになるという認識の下、恒久的施設帰属所得の性質を有する組合利益の配分について、我が国における課税を源泉徴収を含め制度的に確保することとされたことによるものです。

なお、民法に規定する組合契約等に基づいて恒久的施設を通じて共同事業を行う場合、各組合員が恒久的施設を有する者に該当するか否かは、その組合契約事業が共同事業である性格上、各組合員がそれぞれ組合契約事業を直接行っているものとし、全組合員が恒久

的施設を有しているものとして取り扱うこととされています（所基通164－4）。

ト　土地等の譲渡による所得の内容

　33ページの**図表6**中の⑤の「国内にある土地等の譲渡による所得」とは、国内にある土地若しくは土地の上に存する権利又は建物及びその附属設備若しくは構築物の譲渡による対価（政令で定めるものを除く。）をいうとされています（所法161①五、所令281の3）。
　（注）　「土地等」には、鉱業権（租鉱権及び採石権その他土石を採掘し又は採取する権利を含む。）、温泉を利用する権利、配偶者居住権（当該配偶者居住権の目的となっている建物の敷地の用に供される土地（土地の上に存する権利を含む。）を当該配偶者居住権に基づき使用する権利を含む。）、借家権及び土石（砂）などは含まれません（所基通161－16）。

　ここで留意すべき点は、③の「資産の譲渡」と⑤の「土地等の譲渡」とでは、重複するのではないかと考えられるところですが、③は総合課税の対象とされ、⑤は源泉徴収の上で総合課税の対象とされることになっています。
　（注）　国内にある不動産の譲渡による所得については、租税特別措置法により分離課税とされます（35ページの口参照）。

　⑤の土地等の譲渡による所得について源泉徴収の対象とされているのは、確定申告が適正に行われることが期待できないといった事情に対処するためであり、少なくとも譲渡時点においてあらかじめ

一定の課税（源泉徴収）をしておくこととされたものです。

(注) この場合の源泉徴収義務は対価の支払者である買主にあるわけで、相手方が非居住者であるか否かの判定には十分留意することが必要です。

なお、⑤の場合、国内にある土地若しくは土地の上に存する権利又は建物及びその附属設備若しくは構築物で、その譲渡価額が1億円以下のものの譲渡による所得で、かつ、当該土地等を自己又はその親族の居住の用に供するために譲渡を受けた個人から支払われるものを除くこととされている点に留意を要します（所令281の3）。このため、個人が支払うその1億円以下の土地建物等の譲渡対価については、源泉徴収の対象とはならず、③の所得として課税対象となります。

(注) 土地建物等の譲渡対価が1億円を超えるかどうかの判定に当たり、例えば、当該土地建物等を居住の用と居住の用以外の用とに供するために譲り受けた個人から支払われるものである場合には、居住の用に供する部分に係る対価の金額及び居住の用以外の用に供する部分に係る対価の金額の合計額により判定することとされています（所基通161－18）。

チ 人的役務提供事業の所得の内容

33ページの**図表6**の⑥の「国内における人的役務提供事業の所得」とは、国内において人的役務の提供を主たる内容とする事業で政令で定めるものを行う者が受ける当該人的役務の提供に係る対価をいうとされており（所法161①六、所令282）、この場合の「政令で定めるもの」とは、次に掲げる事業をいうこととされています

(所令282)。なお、実際に人的役務を提供をする者は、事業を営む非居住者以外の者となります。

i	映画若しくは演劇の俳優、音楽家その他の芸能人又は職業運動家の役務の提供を主たる内容とする事業
ii	弁護士、公認会計士、建築士その他の自由職業者の役務の提供を主たる内容とする事業
iii	科学技術、経営管理その他の分野に関する専門的知識又は特別の技能を有する者の当該知識又は技能を活用して行う役務の提供を主たる内容とする事業（機械設備の販売その他事業を行う者の主たる業務に付随して行われる場合における当該事業及び建設又は据付けの工事の指揮監督の役務の提供を主たる内容とする事業で一定のものを除く。）

　この所得については、源泉徴収の上、総合課税の対象とされます。

　なお、映画若しくは演劇の俳優、音楽家その他の芸能人又は職業運動家の役務の提供に係る対価で不特定多数の者から支払を受けるものについては、源泉徴収を要しないこととされています（所法212①、所令328一）。

> **コラム**
> ●人的役務提供事業の所得と人的役務提供の報酬の違い
> 　33ページの**図表6**の⑥の「人的役務提供事業の所得」と⑫の「人的役務提供の報酬」とでは、文言上は似ていますが、内容は異なるものです。
> 　本文中の文章を注意していただければ分かることですが、⑫は人的役務を提供する者自身の所得で、⑥はその人的役務を第三者に適用する者の所得です。例えば、芸能人マネジメントの事業を営むA

が、芸能人Ｂを興業主Ｃの演技場に出演させるケースの場合、Ａの事業の所得は⑥に該当することになり、Ｂの所得は⑫に該当することになります（所基通161-21）。

なお、Ａが国内に恒久的施設を有しており、その人的役務提供事業の所得がその恒久的施設に帰属するものである場合には、その所得は①の所得に該当することになります。

リ　不動産の賃貸料等の所得の内容

33ページの**図表６**の⑦の「国内にある不動産の賃貸料等の所得」とは、国内にある不動産、国内にある不動産の上に存する権利若しくは採石法の規定による採石権の貸付け（地上権又は採石権の設定その他他人に不動産、不動産の上に存する権利又は採石権を使用させる一切の行為を含む。）、鉱業法の規定による租鉱権の設定又は居住者若しくは内国法人に対する船舶若しくは航空機の貸付けによる対価をいうとされています（所法161①七）。

この所得については、源泉徴収の上、総合課税の対象とされます。

なお、源泉徴収義務は、支払をする者が法人であるか個人であるかを問いませんが、非居住者又は外国法人が有する土地若しくは土地の上に存する権利又は家屋に係る対価で、その土地家屋等を、自己又はその親族の居住の用に供するために借り受けた個人から支払われるものについては、源泉徴収を要しないこととされています（所法212①、所令328二）。

ここで注意すべきは、サブリース契約の場合です。

　外国人オーナー（非居住者）Ａが所有する日本国内の不動産を、サブリース会社である日本法人Ｂが一括借上げをして、日本人賃借人Ｃに転貸する場合には、サブリース会社Ｂが非居住者Ａに支払う金員は、Ｂの業務用の賃借料に該当するため、日本人賃借人Ｃが居住用・業務用のいずれに使用するか否かにかかわらず、Ｂは源泉徴収を要することになります。

ヌ　源泉分離課税となる所得の類型と内容

　国内源泉所得に対する源泉徴収税率は、次の**図表8**のとおりです。このうち、⑧から⑯までに掲げる次の所得については、源泉分離課税とすることとされているので、恒久的施設に帰属するものを除き、原則として源泉徴収のみで課税関係が完結します（所法161①八〜十六、所令283〜288）。

第6節　国内源泉所得の種類及び内容

【図表8】国内源泉所得の源泉徴収税率

国内源泉所得 （内容は、図表3）非居住者の区分	非居住者 恒久的施設を有する者	非居住者 恒久的施設を有しない者	源泉徴収税率 （所法212、213）
① 国内の恒久的施設帰属所得（②から⑰に該当するものを含む。）	総合課税（⑤から⑯に該当するものは、源泉徴収の上、総合課税）	（対象外）	—
② 国内にある資産の運用又は保有により生ずる所得（⑧から⑯に該当するものを除く。）	総合課税（恒久的施設帰属所得以外のものは、特定のもののみ）		—
③ 国内にある資産の譲渡により生ずる所得	総合課税（恒久的施設帰属所得以外のものは、特定のもののみ）		—
④ 組合契約事業利益の配分	源泉徴収の上、総合課税	（対象外）	20.42％
⑤ 国内にある土地等の譲渡による所得	源泉徴収の上、総合課税		10.21％
⑥ 国内における人的役務提供事業の所得 ⑦ 国内にある不動産の賃貸料等	源泉徴収の上、総合課税		20.42％
⑧ 内国法人の発行する債券の利子等	源泉分離課税		15.315％
⑨ 内国法人から受ける配当等 ⑩ 国内業務に係る貸付金利子	源泉分離課税		20.42％

⑪　国内業務に係る使用料等 ⑫　国内において行う勤務に係る給与その他国内の人的役務の提供に対する報酬、公的年金等、退職手当等 ⑬　国内において行う事業の広告宣伝のための賞金 ⑭　国内にある営業所等を通じた生命保険契約に基づく年金等	源泉分離課税	20.42％
⑮　国内にある営業所等が受け入れた定期積金の給付補塡金等	源泉分離課税	15.315％
⑯　国内において事業を行う者に対する出資につき匿名組合契約等に基づく利益の分配	源泉分離課税	20.42％
⑰　その他の国内源泉所得	総合課税	―

※　⑫の公的年金等、⑬の賞金及び⑭の年金等については、所定の控除額を控除した残高に対して税率が適用されます。

※　⑫の退職手当等については、確定申告することを選択することができます（37ページのニ参照）。

＊　総合課税の対象とされる所得の中には、租税特別措置法により申告分離課税又は源泉分離課税とされるものがあります（35ページのロ参照）。

　なお、非業務用の貸付金利子（消費者向け金融の利子を含みます。）は、上記⑩ではなく②の資産の運用又は保有から生ずる所得に該当します。

また、上記⑫の所得のうち、映画若しくは演劇の俳優、音楽家その他の芸能人又は職業運動家の役務の提供に係る報酬で不特定多数の者から支払を受けるものについては、源泉徴収を要しないこととされています（所法212①、所令328一）。

　上記⑫の所得のうち、「海外勤務に係る給与等の所得の課税関係」は、次の**ル**のとおりです。

> **コラム**
>
> **●非居住者の恒久的施設に帰属する所得で源泉徴収を要しない国内源泉所得**
>
> 　国内源泉所得に係る源泉徴収については、本文のとおりですが、恒久的施設に帰せられるものについては、例外が設けられています。
> 　恒久的施設を有する非居住者で政令で定める一定の要件を備えているもののうち、次に掲げる国内源泉所得でその非居住者の恒久的施設に帰せられるものの支払を受ける者が、当該要件を備えていることなどにつき納税地の所轄税務署長の証明書（免除証明書）の交付を受け、その証明書を当該国内源泉所得の支払をする者に提示した場合には、源泉徴収を要しないこととされています（所法214①）。
>
> ㈲　組合契約事業利益の配分で一定のもの（所法161①四）
> ㈹　国内における人的役務提供事業の所得（所法161①六）
> ㈺　国内にある不動産の賃貸料等（所法161①七）
> ㈻　国内業務に係る貸付金利子（所法161①十）
> ㈭　国内業務に係る使用料等（所法161①十一）
> ㈻　国内において行う勤務に係る給与その他国内の人的役務の提供に対する報酬、公的年金等、退職手当等（給与に係る部分を除く。）（所法161①十二、イ）
> ㈷　国内にある営業所等を通じた生命保険契約に基づく年金等（所法161①十四）

ル　海外勤務に係る給与等の課税関係

　33ページの**図表6**中の⑫においては、国内における人的役務の提供に対する給与等を国内源泉所得に含めることとされています。

　海外勤務の会社員や会社役員の場合には、それらの人は、居住者に該当することもあれば、非居住者に該当することもあります。

A　会社員の場合

　海外勤務の会社員が「居住者」に該当する場合には、その会社員が海外勤務により受ける給与等に係る所得について、居住者に係る国外源泉所得として日本の所得税が課されるとともに、外国の所得税も課されることになります。

　また、その会社員が「非居住者」に該当する場合には、その会社員が海外勤務により受ける給与等に係る所得について、非居住者に係る国外源泉所得に該当するとして日本の所得税は課されず、外国の所得税のみが課されることになります。

B　会社役員の場合

　海外勤務の「会社員」が海外勤務により受ける給与等の課税関係は以上のとおりですが、「会社役員」である場合には、一般の会社員の場合と異なり、会社の意思決定や業務執行に携わるという特殊性があり、その役員の役務について物理的にどこで提供さ

れたのかを特定することが困難なため、内国法人の役員として海外勤務により受ける給与等も国内勤務により受ける給与等（国内源泉所得）に含めることとされています（所法161八イ）。この点、OECDモデル条約では、会社役員の資格で受ける給与等については、その会社の所在地国で課税できるとされています（同条約16）。

したがって、海外勤務の会社役員が「居住者」に該当する場合には、その役員が海外勤務により受ける給与等に係る所得について、居住者に係る国内源泉所得として日本の所得税が課されることになります。

また、海外勤務の会社役員が「非居住者」に該当する場合には、内国法人の役員として海外勤務により受ける給与等に係る所得について、非居住者に係る国内源泉所得として日本の所得税が課されることになります。

例えば、外国法人の役員として勤務している者が内国法人の非常勤役員として海外において情報の提供や商取引の側面的援助などの役務の提供をしている場合の、その非常勤役員として受ける給与等に係る所得は国内源泉所得として日本の所得税が課されることになります。

C　非居住者に該当する会社役員がその会社の海外支店の長等として常時勤務するような場合の特則

　非居住者である会社役員の場合の更なる特則として、その役員が同時にその内国法人の使用人として常時勤務する場合のその役員としての勤務に基因する給与等に係る所得については、使用人としての勤務を優先して、国内源泉所得に含めないこととされています（所法161八イ、所令285①一）。

　この場合の「内国法人の使用人として常時勤務する場合」とは、その役員がその会社の海外支店の長等として常時その支店に勤務するような場合をいいます（所基通161－29）。
　ただし、例えば、非居住者である内国法人の役員が、その内国法人の非常勤役員として海外において情報の提供や商取引の側面的援助等を行っているにすぎない場合の給与等に係る所得は、国内源泉所得に含まれます。

　（注）　法人税法上の「使用人兼務役員」には、専務取締役や常務取締役は含まれないことになっていますが、所得税法においては、そのような制約はありません。

D　非居住者に該当する会社役員が海外子会社勤務する場合の特則

　上記Ｃのケースは、非居住者である内国法人の役員が海外支店に勤務する場合ですが、非居住者である内国法人の役員がその法人の海外子会社（現地法人）に常時勤務する場合にも類似のケースがあります。そこで、次に掲げる要件のいずれにも当てはまる場合には、その者の勤務により受ける給与等に係る所得についても国内源泉所得として取り扱わないこととされています（所基通161－30）。

ⅰ	その子会社の設置が現地の特殊事情に基づくものであって、その子会社の実態が内国法人の支店、出張所と異ならないものであること。
ⅱ	その役員の子会社における勤務が内国法人の命令に基づくものであって、その内国法人の使用人としての勤務であると認められること。

　この取扱いは、上記Ｃとのバランスを考慮して設けられたものです。

　（注）　内国法人の役員としてではなく、海外子会社の役員としてその海外子会社から受ける給与等に係る所得は、原則として国外源泉所得に該当します。

E　短期滞在者免税

33ページの**図表6**中の⑫の国内における人的役務の提供に対する給与等は、源泉分離課税の対象となっていますが、「短期滞在者免税」といわれる特例があります。

給与等については、OECDモデル条約により、原則として勤務等が行われた国（例えば日本）において課税することができることとされています（役務提供地課税）。

ただし、次の要件に該当する場合には、勤務等が行われた国（例えば日本）での課税を免除することとされています。これを「短期滞在者免税」といいます。

i	その課税年度において開始し又は終了するいずれの12か月間においても、給与等の受領者が、他方の締約国（例えば日本）に滞在する期間が183日を超えないこと。
ii	給与等が、他方の締約国（例えば日本）の居住者でない雇用者又はこれに代わる者から支払われるものであること。
iii	給与等が、雇用者の他方の締約国内（例えば日本国内）に有する支店等の恒久的施設によって負担されるものでないこと。

（注）　上記 i の「滞在する期間が183日」の日数は、暦年ごとに計算します。

ヲ　その他の国内源泉所得の内容

33ページの**図表6**中の⑰の「その他の国内源泉所得」とは、次に掲げるものをいい、総合課税の対象とされます（所令289）。内容的には、所得税法上の一時所得や雑所得に該当するようなものを想定しているといえます。

i	国内において行う業務又は国外にある資産に関し受ける保険金、補償金又は損害賠償金等に係る所得
ii	国内にある資産の法人からの贈与により取得する所得
iii	国内において発見された埋蔵物又は国外において拾得された遺失物に係る所得
iv	国内において行う懸賞募集に基づいて懸賞として受ける金品その他の経済的利益（旅行その他の役務の提供を内容とするもので、金品との選択ができないものとされているものを除く。）に係る所得
v	iiiに掲げるもののほか、国内においてした行為に伴い取得する一時所得
vi	前記のもののほか、国内において行う業務又は国外にある資産に関し供与を受ける経済的利益に係る所得

第7節 居住形態にかかわらず共通する要点事項

イ 租税条約の適用

　我が国の所得税法上の課税関係は、以上のとおりですが、各国との租税条約においてこれと異なる定めをしている場合には、租税条約の規定が優先して適用されます（憲法98②）。このため、それぞれの国との条約により、居住形態の判定、国内源泉所得の範囲、恒久的施設の範囲、適用税率、税額控除などについて修正を要することになる場合があるので留意する必要があります。

ロ 外貨建取引の邦貨換算

　個人が外貨建取引を行った場合のその取引金額の円換算額は、その取引を行った時における外国為替の売買相場により換算した金額として、各種所得の金額を計算することとされています（所法57の3①）。

　この場合の円換算については、関係通達により、原則として、次によることとされています（所基通57の3－2、措通37の10・37の11共－6）。

ⅰ	外貨建取引の円換算は、その取引日における電信売相場（TTS）と電信買相場（TTB）の仲値（TTM）による。
ⅱ	不動産所得、事業所得、山林所得又は雑所得を生ずべき業務に係る所得の金額の計算においては、ⅰによらず、継続適用を条件として、売上その他の収入又は資産については、取引日のTTB、仕入その他の経費又は負債については、取引日のTTSによることができる。
ⅲ	株式等の譲渡等の価額の円換算は、TTBによることとし、取得等の価額の円換算は、TTSによることとする。

　なお、上記の「外貨建取引」には、金融機関に外貨建ての預貯金を預入した当該預貯金の元本に係る金銭により、引き続き同一の金融機関に同一の外貨で預け入れた預貯金の預入は、該当しないこととされています（所令167の6②）。

八　為替差損益の認識

　上記ロのとおり、所得税法57の3条1項では、外国為替の売買相場により円換算して各種所得の金額を計算することとされています。しかし、所得税法施行令167の6条2項では、金融機関に外貨建ての預貯金を預入した当該預貯金の元本に係る金銭により、引き続き同一の金融機関に同一の外貨で預け入れた預貯金の預入については、外貨建取引に該当しないこととされているので、この場合には、円換算をして為替差損益を認識する必要はないことになります。

　この所得税法施行令167の6条2項の規定について国税庁Q＆A

では、「同一の外国通貨で預入及び払出が行われる限り、その金額に増減はなく、実質的には外国通貨を保有し続けている場合と変わりなく、このような外貨の保有状態に実質的な変化がない外貨建預貯金の預入及び払出については、その都度これらを外貨建取引とすることにより為替差損益を認識することは実情に即さないと考えられることから、外貨建取引からは除かれることを明らかにした「例外規定」であると解される」とした上で、「他の金融機関へ預け入れる場合であっても、同一の外国通貨で行われる限り、前記のものに類するものと解され、為替差損益を認識しないこととすることが相当と考えられる」として、類似の事例も同様に取り扱うこととしています。

したがって、例えば、ドル建ての預金を払い出してドル建てで外国株式に投資するような場合には、新たな経済的価値を持った資産が外部から流入したことにより、それまで評価差額に過ぎなかった為替差損益が収入金額として実現したものと考えられることから、為替差損益を認識する必要があります。

なお、外貨建て取引を行った場合の取引金額は、その取引を行った時における外国為替の相場により換算した金額として、各種所得の金額を計算することとされているので、業務に伴うものの場合、資産の譲渡（売上）としての取引については譲渡（売上）の収入金額に、資産の取得（仕入）としての取引については取得（仕入）の取得価額に、それぞれその為替差損益の金額を含めて所得金額の計算をすることになります。

【株式等の譲渡所得等の計算の場合の例示】

- 取得価額　　50,000ドル　×　107円（TTS）　=　5,350,000円
- 譲渡価額　　55,000ドル　×　110円（TTB）　=　6,050,000円
- 譲渡所得等　6,050,000円　－　5,350,000円　=　700,000円

　※　譲渡所得等の金額には、為替差損益に係る所得の金額が含まれています。

第 2 章

国内外の公社債株式等に係る所得の課税関係

第1節	はじめに……………………………………………………………81
第2節	居住形態別の課税所得の範囲、申告分離課税・源泉分離課税の概要……………………………………………………………82
コラム	各種所得の課税方式の概要……………………………………85
第3節	居住者（非永住者を除く。）に帰属する公社債株式等に係る所得の課税関係……………………………………………………88
コラム	海外株人気と個人の資産所得倍増との関係………………107
コラム	外貨建てによる公社債の運用損益と為替差損益…………108
コラム	個人に対しても適用されるタックスヘイブン対策税制とコーポレート・インバージョン対策税制………………………109
第4節	非永住者に帰属する公社債株式等に係る所得の課税方式の特徴………………………………………………………………111
コラム	永住者と非永住者はいずれも居住者に含まれるが、両者で異なる金融所得に係る課税の範囲……………………………114
第5節	非居住者に帰属する公社債株式等に係る所得の課税関係………………………………………………………………………115
コラム	恒久的施設を有する非居住者の金融所得で申告分離課税の対象となるものの範囲……………………………………………123
コラム	NISAの適用対象の範囲とその影響………………………128

第1節 はじめに

　最近の金融商品への投資は、複数以上の商品に対する分散投資のほか、多国籍の商品に対する分散投資も多くなってきています。

　そこで、本章では、国内外の公社債株式等（投資信託を含みます。以下同じです。）に係る利子配当等の所得及び譲渡所得等について、納税者の居住形態別の課税関係を解説することとします。

　これらの所得に係る課税は、法令上、日本人であるか否かにかかわらず、原則として、「居住者（非永住者を含む。）及び恒久的施設を有する非居住者」と「恒久的施設を有しない非居住者」とに大別して仕組まれています。

　しかし、本書においては、説明の便宜上、次のように区分して解説することとします。

① 居住者（非永住者を除く。）……第3節
② 非永住者……………………………第4節
③ 非居住者……………………………第5節

第2節 居住形態別の課税所得の範囲、申告分離課税・源泉分離課税の概要

まず、解説の前提となる居住形態別の課税所得の範囲や申告分離課税又は源泉分離課税の概要について、おさらいすると、以下のとおりです。

A 居住形態による課税所得の範囲

我が国の所得税法は、個人を居住形態によって、納税者を次のように3種類に区分し、それぞれの課税所得の範囲を定めています。

i 居住者(非永住者を除く。)の課税所得の範囲
　居住者のうち非永住者以外の者を「永住者」といいます。その永住者の課税所得の範囲は、14ページの**図表2**のとおり、全ての所得です(所法7①一)。

ii 非永住者の課税所得の範囲
　居住者のうち非永住者に該当する居住者の課税所得の範囲は、14ページの**図表2**のとおり、次に掲げる所得です(所法7①二)。

①	国外源泉所得（国外にある有価証券の譲渡により生ずる所得として政令で定めるものを含む。以下②及び③において同じ。）以外の所得
②	国外源泉所得で国内において支払われたもの。
③	国外源泉所得で国外から送金されたもの。

ⅲ 非居住者の課税所得の範囲

　居住者以外の個人を「非居住者」といいます。その非居住者の課税所得の範囲は、14ページの**図表2**のとおり、国内源泉所得に限られています（所法7①三）。

　ただし、非居住者の場合、恒久的施設を有するか否か、恒久的施設帰属所得を有するか否かによって、課税の対象となる所得の範囲が異なります。

B　個人の納税者の課税方式

　所得税法では、個人の納税者の課税方式を、原則として総合課税によることとされています。

　ただし、租税特別措置法の規定により、特例として、申告分離課税又は源泉分離課税の対象としている所得が多数あるので、留意してください。

　例えば、次に掲げる所得については、それぞれ次のようになります。

ⅰ　国内において支払を受ける一般利子等の所得

居住者又は恒久的施設を有する非居住者が国内において支払を受ける一般利子等（特定公社債等以外の公社債等の利子等）の所得は、原則として源泉分離課税の対象となります（措法3）。

ⅱ　内国法人の発行する株式等の譲渡による所得

内国法人の発行する株式等の譲渡による所得については、居住者に係るものは、原則として申告分離課税の対象となります（措法37の10、37の11）が、非居住者に係るものは、次のようになります。

①	恒久的施設帰属所得に該当するものは、申告分離課税の対象となる（措法37の12）。
②	恒久的施設帰属所得に該当しないものは、株式の買集めなどの特定の場合に係る所得は申告分離課税の対象となるが、それ以外は原則として非課税とされている。

ⅲ　国内にある不動産の譲渡による所得

国内にある不動産の譲渡による所得については、申告分離課税の対象となります（措法31、32）。

特に本章で取り上げる国内外の公社債株式等（投資信託を含みます。）に係る利子配当等の所得及び譲渡所得等については、租税特別措置法の規定により、申告分離課税又は源泉分離課税の対象とされている所得が多いので、留意してください。

なお、各種所得の課税方式の概要については、次の【コラム】を参照してください。

> **コラム**

●各種所得の課税方式の概要

　所得税の課税方式は、10種類に区分して計算した各種所得の金額を合計し、超過累進税率によって税額を計算して、確定申告によりその税金を納付する総合課税が原則です。収入金額の受取りの際に源泉徴収された源泉徴収税額がある場合には、原則として確定申告の際に精算します。

　しかし、その例外として、申告分離課税又は源泉分離課税となる所得があります。また、所得税のかからない所得もあります。

　これらの関係を居住者について整理すると、次の図表のようになります。

所得の区分		申告の要否等
① 総合課税の所得（超過累進税率）	下記以外の事業所得、不動産所得、給与所得、雑所得など	要申告
	公募上場等の公社債株式等に係る配当所得以外の配当所得（②及び③のうち総合課税となるものを含む。）	要申告 少額配当等は申告不要の選択可
② 申告分離課税の所得（比例税率又は超過累進税率）	公募上場等の公社債等に係る利子所得	要申告 申告不要の選択可
	公募上場等の株式等に係る配当所得 （特定上場株式等に係るものは総合課税の選択可。大口株主等がその内国法人から支払を受けるものは総合課税）	要申告 申告不要の選択可
	公社債株式等に係る譲渡所得等（特定の同族株主等の償還金は総合課税）	要申告 源泉徴収選択口座は申告不要の選択可
	先物取引に係る雑所得等（FXの利益を含む。）	要申告

	土地等に係る事業所得等	要申告
	土地建物等に係る譲渡所得	要申告
	退職所得	原則として申告不要
	山林所得	要申告
③ 源泉分離課税の所得（比例税率）	預貯金の利子（海外の預金利子は総合課税）	申告不可
	私募非上場等の公社債等に係る利子所得（特定の同族株主等の利子は総合課税	申告不可
	定期積金の給付補てん金などの金融類似商品に係る利子等	申告不可
④ 所得税がかからない所得	非課税所得 （遺族年金、非課税口座等に係る所得など）	申告不要
	免税所得 （肉用牛の売却による農業所得）	要申告

C 租税特別措置法の各規定の適用対象者の範囲

租税特別措置法では、次のように、それぞれ特例の適用対象者の範囲について区別して規定しているので、留意してください。

A	すべての納税者を対象とする場合は、「個人」として規定		（例） 措法41（住宅借入金等を有する場合の所得税額の特別控除）
B	適用対象者を限定する場合		
	i	「居住者（非永住者を含む。）」に限定して規定	（例） 措法３の３（国外で発行された公社債等の利子所得の分離課税）
	ii	「居住者（非永住者を含む。）及び恒久的施設を有する非居住者」に限定して規定	（例） 措法37の10（一般株式等に係る譲渡所得等の課税の特例）
	iii	「恒久的施設を有する非居住者」に限定して規定	（例） 措法37の14の３（合併等により外国親法人株式等の交付を受ける場合の課税の特例）
	iv	「恒久的施設を有しない非居住者」に限定して規定	（例） 措法37の12（恒久的施設を有しない非居住者の株式等の譲渡に係る国内源泉所得に対する課税の特例）

第3節 居住者（非永住者を除く。）に帰属する公社債株式等に係る所得の課税関係

「居住者」に係る「公社債株式等に係る所得」については、租税特別措置法において申告分離課税又は源泉分離課税の対象とし、例外的に総合課税の対象としています。

「居住者」とは、日本人である場合が多いが、外国人であるケースもあります（7ページの【コラム】参照）。

「公社債株式等に係る所得」は、利子所得、配当所得、譲渡所得等及び雑所得のいずれかに含まれますが、平成25年3月の「金融所得課税の一体化」をめざした抜本的な税制改正により、平成28年1月以降、これらの所得間でのみ、原則として損益通算・繰越控除の対象とされています。

それぞれの所得の基因となる公社債株式等の範囲については、法令上は、一括して「株式等」と表示されていますが、内容としては、大別すると、①株式等（投資信託を含みます。）と②公社債等（投資信託を含みます。）とに区別できます。要するに法令上は、①と②を合わせて「株式等」と表示しているわけです。本稿では、①と②を合わせて称する場合には、便宜上、「公社債株式等」と称することにします。

また、公社債株式等には、公募又は上場等のものと私募又は非上場等のものとがありますが、本稿では、「公募上場等」又は「私募非上場等」と称することにします。

イ 公社債株式等の範囲

租税特別措置法上の公社債株式等の範囲は、次の**図表9**に掲げるものをいいます。この中には、外国株式や外国法人に係る株式投資信託なども含まれていることに留意してください。

なお、ゴルフ会員権に類する株式又は出資者の持分は含まれません。

【図表9】公社債株式等の範囲

①	株式（株主又は投資主となる権利、株式の割当てを受ける権利、新株予約権及び新株予約権の割当てを受ける権利を含む。また、投資法人の投資口及び新投資口予約権並びに法人課税信託の受益権を含む。）
②	特別の法律により設立された法人の出資者の持分、合名会社、合資会社又は合同会社の社員の持分、協同組合等の組合員又は会員の持分その他法人の出資者の持分（出資者、社員、組合員又は会員となる権利及び出資の割当てを受ける権利を含み、③及び④に掲げるものを除く。）
③	協同組織金融機関の優先出資に関する法律に規定する優先出資（優先出資者となる権利及び優先出資の割当てを受ける権利を含む。）
④	資産の流動化に関する法律に基づいてする特定目的会社（SPC）に対する優先出資（優先出資社員となる権利及び同法に規定する一定の引受権を含む。）

⑤	投資信託の受益権
⑥	特定受益証券発行信託の受益権
⑦	特定目的信託の社債的受益権
⑧	公社債（預金保険法に規定する長期信用銀行債等、農水産業組合貯金保険法に規定する農林債及び平成27年12月31日以前に発行された割引債でその償還差益が発行時に源泉分離課税の対象とされたものを除く。「上場株式等」において同じ。）

（注） 特定目的会社に対する優先出資以外の出資（特定出資）は、法人の出資者の持分として、上記②に含まれます。

以上の公社債株式等を金融商品として種類別に分類しなおすと、次の**図表10**のようになります。

【図表10】 金融商品としての分類

①	株式及び出資
②	公社債
③	投資法人の投資口
④	法人課税信託の受益権
⑤	株式等証券投資信託の受益権
⑥	公社債投資信託の受益権
⑦	公社債等運用投資信託の受益権
⑧	非公社債等投資信託の受益権
⑨	特定受益証券発行信託の受益権
⑩	特定目的信託の社債的受益権

（注） いわゆる NISA は、これらの商品の一部を組み合わせて組成した金融商品です。

以上の金融商品以外にも、次のような金融商品があります。ただし、これらの商品は、「金融所得課税の一体化」(88ページ参照)の対象にはなっていません。

【図表11】上記以外の金融商品の分類

a	合同運用信託（貸付信託等）の受益権
b	先物取引
c	金融類似商品
d	金（ゴールド）
e	ビットコイン等
f	イデコ

□ 公募上場等の公社債株式等の範囲

租税特別措置法上の公募上場等の公社債株式等の範囲は、上記**図表9**の公社債株式等のうち、次の**図表12**に掲げるものをいいます。

この中には、外国金融商品市場において売買されている株式等や外国発行の公社債なども含まれていることに留意してください。

【図表12】公募上場等の公社債株式等の範囲

①	金融商品取引所に上場されている株式等
②	店頭売買登録名柄として登録された株式等

③	店頭転換社債型新株予約権付社債（新株予約権付社債（資産の流動化に関する法律に基づいて特定目的会社（SPC）が発行する転換特定社債及び新優先出資引受権付特定社債を含む。）で、認可金融商品取引業協会がその売買価格を発表し、かつ、発行法人に関する資料を公表するものとして指定したものをいう。
④	店頭管理銘柄として認可金融商品取引業協会が指定した株式等
⑤	登録名柄として認可金融商品取引業協会に備える登録原簿に登録された日本銀行出資証券
⑥	外国金融商品市場において売買されている株式等
⑦	公募の投資信託の受益権（特定株式投資信託の受益権は①に含まれる。）
⑧	特定投資法人の投資口
⑨	公募の特定受益証券発行信託の受益権
⑩	公募の特定目的信託の社債的受益権
⑪	国債及び地方債
⑫	外国又はその地方公共団体が発行し又は保証する債券
⑬	会社以外の法人が特別の法律により発行する債券（外国法人に係るもの並びに投資信託及び投資法人に関する法律に規定する投資法人債・短期投資法人債、資産の流動化に関する法律に規定する特定社債・特定短期社債を除く。）
⑭	募集が一定の取得勧誘により行われた公社債
⑮	その発行の日前９月以内（外国法人にあっては、12月以内）に有価証券報告書等を提出している法人が発行する社債
⑯	金融商品取引所又は外国金融商品取引所において公表された公社債情報に基づいて発行する公社債
⑰	国外において発行された公社債で、次に掲げるもの（取得後引き続き保管の委託がされているものに限る。）
	A　国内において多数の者に対して売出しがされたもの（売出し公社債）

第3節　居住者（非永住者を除く。）に帰属する公社債株式等に係る所得の課税関係

	B	国内における売出しに応じて取得した日前9月以内（外国法人にあっては、12月以内）に有価証券報告書等を提出している法人が発行するもの。
⑱		次に掲げる外国法人等が発行し又は保証する債券
	A	出資金額等の2分の1以上が外国の政府により出資等がされている外国法人
	B	外国の特別の法令に基づいて設立された外国法人で、その業務がその外国の政府の管理の下で運営されているもの。
	C	国際間の取極めに基づき設立された国際機関が発行し又は保証する債券
⑲		国内又は国外の法令に基づいて銀行業又は金融商品取引業を行う法人又はそれらの100％子会社等が発行した債券
⑳		平成27年12月31日以前に発行された公社債（その発行の際に同族会社に該当する会社が発行した社債を除く。）

（注）　⑳のかっこ書で除外された社債の発行会社が、その社債の譲渡又は元本の償還の日において同族会社に該当しないことになっている場合であっても、その社債は⑳のかっこ書の社債に該当します。また、⑳のかっこ書で除外された社債であっても、①から⑲までのいずれかに該当するものは、上場株式等に該当します（措通37の11―6の(1)）。

八　公社債等に係る利子所得の課税方式

　居住者（非永住者を除く。）に係る公社債等に係る利子所得の課税方式を整理すると、次の**図表13**のようになります。

【図表13】公社債等に係る利子所得の課税方式

区分	所得区分	源泉徴収	課税方式	
(特定公社債等)公募上場等の公社債等の利子等	利子所得 ☞1・2・3	(所得税 15%／住民税 5%)	選択	申告不要 ☞4
				申告分離課税 ☞5・6・7 (所得税 15%／住民税 5%)
(一般公社債等)私募非上場等の公社債等の利子等		(所得税 15%／住民税 5%)	源泉分離課税 ☞8・9・10・11 (特定の同族株主等の利子等は総合課税)	

☞1 預貯金の利子は、源泉分離課税の対象となる（措法3）。

　私募の公社債等運用投資信託の収益の分配及び私募社債的受益権の剰余金の配当は、配当所得に該当する。ただし、原則として預貯金利子並みの源泉分離課税の対象となる（措法8の2①、8の3①）。

☞2 割引債の償還金は、一般の公社債の利子に相当するものであるが、公社債の譲渡所得等に係る収入金額とみなして、源泉徴収の上、申告分離課税の対象となる。ただし、「特定の同族株主等」が受ける償還金（同族会社の非支配法人である同族会社から支払

を受ける一定のものを含みます。）は、雑所得として総合課税の対象となる（☞９参照）。

☞３　分離利子公社債に係る利子は、譲渡収入とみなして申告分離課税の対象となる。

☞４　次に掲げる利子等については、原則として１回に支払を受ける配当等ごとに、納税者の選択により、確定申告をする所得に含めないことができる（措法８の５①④）。

①	内国法人等から支払を受ける上場株式等の利子等
②	内国法人から支払を受ける公募の投資信託の受益権の収益の分配に係る利子等
③	内国法人等から支払を受ける特定公社債の利子

（注）　申告不要の選択は、原則として１回に支払を受ける利子等ごとに選択しますが、源泉徴収選択口座の場合には、口座ごとに選択することになっています。

☞５　外国株式等に係るもので源泉徴収されないものなども、申告分離課税の対象となる（措法３、３の３）。

☞６　特定公社債等は特定口座に受入可（措法37の11の①）。

☞７　特定公社債等に係る譲渡損益は、まず他の上場株式等の譲渡損益と差引計算し、譲渡損失が残ったときは、上場株式等に係る配当所得等と損益通算することができる。なお残った譲渡損失は、翌年以後３年間の上場株式等に係る譲渡所得等及び配当所得等へ繰越控除することができる（措法37の12の２①、103ページの☞２参照）。

☞8　外国株式等に係るもので源泉徴収されないものなどは、総合課税の対象となる（措法3、3の3、8の4）。

☞9　一般株式等に該当する公社債の利子で「特定の同族株主等」が受けるもの（同族会社の非支配法人である同族会社から支払を受けるものを含みます。）は、利子所得として総合課税の対象となる（措法3①、3の3①）。

☞10　国外において発行され国外において支払われる国外一般公社債等に係る利子等で国内の支払の取扱者を通じて居住者が交付を受けるものについても、源泉分離課税の対象となる（措法8の4①、3の3①）。

☞11　一般公社債等については、特定公社債等に係る☞5、☞6及び☞7のような課税方式はとられていない。

二　株式等に係る配当所得の課税方式

A　配当所得の範囲

　配当所得とは、法人（公益法人等及び人格のない社団等を除きます。）から受ける「次に掲げる配当等に係る所得」をいいます（所法24）。この場合の法人には、内国法人に限らず、外国法人も含まれます。

第3節　居住者（非永住者を除く。）に帰属する公社債株式等に係る所得の課税関係

①	剰余金の配当（株式又は出資（私募公社債等運用投資信託の受益権及び社債的受益権を含む。）に係るものに限るものとし、資本剰余金の額の減少に伴うもの並びに分割型分割（法人課税信託に係る信託の分割を含む。）によるもの及び株式分配を除く。）
②	利益の配当（資産の流動化に関する法律に規定する中間配当に係る金銭の分配を含むものとし、分割型分割によるものを除く。）
③	剰余金の分配（出資に係るものに限る。）
④	投資法人の金銭の分配（出資等減少分配を除く。）
⑤	基金利息（保険業法に規定する基金利息をいう。）
⑥	投資信託（公社債投資信託及び公募公社債等運用投資信託を除く。）の収益の分配
⑦	特定受益証券発行信託の収益の分配（適格現物分配に係るものを除く。）

　上記の配当等には、次のようなものに係る収益の分配等も含まれます。

㈤	投資法人の投資口
㈥	法人課税信託の受益権
㈦	特定目的会社（SPC）に対する出資
㈧	株式等証券投資信託の受益権
㈨	私募の公社債等運用投資信託の受益権
㈩	非公社債等投資信託の受益権
㊀	社債的受益権

なお、法人の解散による残余財産の分配や法人の出資の払戻し等の一定の事由により金銭等の交付を受けた場合、その交付される金銭等のうち資本金等の額を超える部分は、税務上、配当等とみなされ（所法25）、配当所得としての課税対象となります。これを「**みなし配当等**」といいます。

B　配当所得の課税方式

　居住者（非永住者を除く。）に係る公社債等に係る利子所得の課税方式を整理すると、次の**図表14**のようになります。

第3節　居住者（非永住者を除く。）に帰属する公社債株式等に係る所得の課税関係

【図表14】株式等に係る配当所得の課税方式

区　分	所得区分	源泉徴収	課税方式	
・公募上場等の株式等の配当等 （大口株主等が内国法人から支払を受けるものを除く。） ☞1	配当所得	(所得税　15% 住民税　　5%)	選択	申告不要 ☞2・3
				総合課税 ☞4・5
				申告分離課税 ☞6・7・8・9 (所得税　15% 住民税　　5%)
・公募上場等の株式等の配当等で、大口株主等が内国法人から支払を受けるもの ・私募非上場等の株式等の配当等		(所得税　20% 住民税　なし)	選択	少額申告不要 ☞10・11
				総合課税 ☞12・13

☞1　「**大口株主等**」とは、その配当等の支払基準日においてその内国法人の発行済株式（投資法人にあっては、発行済みの投資口）又は出資の総数又は総額の3％以上に相当する数又は金額の株式（投資口を含む。）又は出資を有する個人をいう（措法8の4①）。

☞2　外国株式等に係るもので源泉徴収されないものなどについては、申告不要不可

☞3　次に掲げる配当等については、原則として1回に支払を受ける配当等ごとに、納税者の選択により、確定申告をする所得に含めないことができる（措法8の5①④）。

①	内国法人から支払を受ける配当等（次の②から⑥までに掲げるものを除く。）で、1回に支払を受ける金額が、10万円に配当計算期間の月数を乗じてこれを12で除して計算した金額以下であるもの（いわゆる**少額配当等**）。
②	内国法人から支払を受ける上場株式等の配当等のうち、大口株主等が支払を受けるもの以外のもの。
③	内国法人から支払を受ける公募の投資信託の収益の分配に係る配当等（特定株式投資信託に係る配当等は、②に含まれる。）
④	特定投資法人から支払を受ける投資口（公募）の配当等
⑤	公募の特定受益証券発行信託の収益の分配
⑥	内国法人から支払を受ける公募の社債的受益権の剰余金の配当

(注) 申告不要は、原則として1回に支払を受ける配当等ごとに選択しますが、源泉徴収選択口座の場合には、口座ごとに選択することになっています。

☞ 4　特定上場株式等の配当等については、総合課税を選択することができる。

「**特定上場株式等の配当等**」とは、次に掲げるものをいう。
① 株式等で上場等がされているものの配当等で内国法人から支払を受けるもののうち、大口株主等が支払を受けるもの以外のもの。
② 公募の投資信託の収益の分配に係る配当等（公社債投資信託以外の証券投資信託に係るものに限る。）
③ 特定投資法人の投資口（公募）の配当等

☞ 5　外国法人等に係るものは、配当控除不可

☞ 6　株式等の配当等に係る所得は、総合課税の対象となるのが原則

である。しかし、居住者又は恒久的施設を有する非居住者が支払を受ける配当等で、公募上場等の株式等の配当等に該当するものについては、原則として申告分離課税の対象となる。申告分離課税の対象となる公募上場等の株式等に係る配当所得の範囲は、次のとおりである（措法8の4①）。

①	株式等で上場等がされているものの配当等で内国法人から支払を受けるもののうち、大口株主等が支払を受けるもの以外のもの。
②	公募の投資信託の収益の分配に係る配当等（特定株式投資信託に係る配当等は、①に含まれる。）
③	特定投資法人の投資口（公募）の配当等
④	公募の特定受益証券発行信託の収益の分配
⑤	公募の社債的受益権の剰余金の配当

☞7　公募上場等の株式等は、特定口座に受入れ可

☞8　申告分離課税の配当等については、配当控除不可

☞9　公募上場等の株式等の譲渡損益は、まず他の公募上場等の株式等の譲渡損益と差引計算し、譲渡損失が残ったときは、公募上場等の株式等に係る配当所得等と損益通算することができる。なお残った譲渡損失は、翌年以後3年間の公募上場等の株式等に係る譲渡所得等及び配当所得等へ繰越控除することができる（103ページの☞2参照）。

☞10　内国法人から支払を受ける配当等で、1回に支払を受ける金額が、10万円に配当計算期間の月数を乗じてこれを12で除して計算した金額以下のもの（いわゆる少額配当等）については、申告不要可

☞11　住民税については源泉徴収されていないので、所得税で申告不要としたとしても、住民税においては、原則として要申告
　　　外国株式等に係るもので源泉徴収されないものなどについても、申告不要不可

☞12　外国法人等に係るものは、配当控除不可

☞13　次に掲げる受益権の収益の分配に係るもの（国内において支払を受けるもの及び国外において発行され国外において支払われるもので国内の支払の取扱者を通じて居住者が交付を受けるものに限る。）については、一般利子等に含めて源泉分離課税の対象となる（措法8の4①、8の2①、8の3①）。
　　①　私募の公社債等運用投資信託
　　②　私募の社債的受益権

ホ　公社債株式等に係る譲渡所得等の課税方式

　居住者（非永住者を除く。）に係る公社債株式等に係る譲渡所得等の課税方式を整理すると、次の**図表15**のようになります。

第3節　居住者（非永住者を除く。）に帰属する公社債株式等に係る所得の課税関係

【図表15】公社債株式等に係る譲渡所得等の課税方式

区分			所得区分	源泉徴収	譲渡所得等の計算	課税方式
公募上場等の公社債株式等の譲渡	特定口座	源泉徴収選択口座	譲渡所得等 ☞4・5	所得税 15% 住民税 5%	取引報告書あり特定口座年間	選択 ／ 申告不要 ☞1 ＼ 申告分離課税 ☞2（所得税 15%／住民税 5%）
		簡易申告口座		源泉徴収なし	特定口座年間取引報告書なし	申告分離課税 ☞2（所得税 15%／住民税 5%）
	一般口座					
	相対取引					申告分離課税 ☞3（所得税 15%／住民税 5%）
私募非上場の公社債株式等の譲渡						特定の同族株主等の償還金は雑所得として総合課税

☞1　源泉徴収選択口座の場合は、源泉徴収の上、申告不要の選択をすることができる。
　　（注）この申告不要の選択は、一回の支払ごとでなく、口座ごとに選択することになっています（措法37の11の6⑨）。

☞2　公募上場等の公社債株式等の譲渡による損失の金額については、公募上場等の公社債株式等に係る配当所得等の金額との損益通算並びに上場株式等に係る譲渡所得等の金額及び公募上場等の公社債株式等に係る配当所得等の金額との繰越控除の特例の適用を受

103

けることができる（措法37の12の2①⑤）。なお、公社債株式等の国外における譲渡による損失の金額は、公社債株式等に係る配当所得等の金額との損益通算等は不可。

　この場合の「譲渡」とは、次に掲げる譲渡をいう（措法37の12の2②⑥）。

a	金融商品取引業者又は登録金融機関への売委託により行う譲渡
b	金融商品取引業者に対する譲渡
c	登録金融機関又は投資信託委託会社に対する譲渡で一定のもの。
d	法人の合併等により交付を受ける金銭等の特例及び投資信託等の終了又は一部の解約等により支払われる金額の特例により譲渡による収入とみなされる場合のその譲渡
e	上場株式等を発行した法人の行う株式交換又は株式移転による株式交換完全親法人又は株式移転完全親法人に対する譲渡
f	上場株式等を発行した法人に対して会社法の規定に基づいて行う単元未満株式の譲渡その他これに類する譲渡
g	上場株式等を発行した法人に対して旧商法の規定に基づいて行う端株の譲渡
h	上場株式等を発行した法人が行う会社法の規定その他一定の規定による1株又は1口に満たない端数に係る上場株式等の競売等によるその上場株式等の譲渡
i	信託会社（信託業務を行う金融機関を含む。）の国内の営業所等に信託されている上場株式等の譲渡で、その営業所等を通じて外国証券業者への売委託により又は外国証券業者に対して行うもの。
j	信託会社の営業所等に信託されている上場株式等の譲渡で、その営業所等を通じて外国証券業者に対して行うもの。

第3節　居住者（非永住者を除く。）に帰属する公社債株式等に係る所得の課税関係

k	国外転出時課税制度（所法60の2）又は贈与等時課税制度（所法60の3）の適用により行われたものとみなされた上場株式等の譲渡

☞3　私募非上場の公社債株式等の譲渡損益と公募上場等の公社債株式等の譲渡損益の相互間で差引計算することはできない。また、私募非上場の公社債株式等については、上記☞2のような損益通算及び繰越控除をすることはできない。

　　ただし、特定中小会社の特定株式の価値が喪失した場合のみなし譲渡損失等については、その年分の株式等に係る譲渡所得等の金額との損益通算及び繰越控除の対象とすることができる。

☞4　平成28年1月1日以後に発行される割引債の償還金については、償還時に、その支払者において20％の税率による源泉徴収の上、公社債等の譲渡所得等に係る収入金額とみなして申告分離課税の対象とされる（措法37の10①③七、37の11③、41の12⑦三）。

　　ただし、私募非上場のものに係る償還金で特定の同族株主等が受けるもの（同族会社の非支配法人である同族会社から支払を受けるものを含みます。）については、雑所得として総合課税の対象とされる（措法37の10③八、措通37の11－6⑵）。

　　償還時に源泉徴収の対象となる割引債は、次に掲げるものである（措法41の12の2⑥）。

①	割引の方法により発行されるもの。
②	分離元本公社債（公社債で元本に係る部分と利子に係る部分とに分離されてそれぞれ独立して取引されるもののうち、その元本に係る部分であった公社債をいう。）
③	分離利子公社債（公社債で元本に係る部分と利子に係る部分とに分離されてそれぞれ独立して取引されるもののうち、その利子に係る部分であった公社債をいう。）

④ 利子が支払われる公社債でその発行価額が額面金額の90％以下であるもの。

☞5 株式等の譲渡による収入金額とみなされる場合及び譲渡がなかったものとみなされる場合がある。
(1) 譲渡による所得の収入金額とみなされる場合
　次に掲げる場合は、株式等の譲渡があったものとみなして、株式等に係る譲渡所得等の収入金額とみなされる。
① 自己株式の取得でみなし配当等が生じないこととされる場合（措法9の7、所法25①、57の4③一、二、三、所令61①）
② 法人の合併等により金銭等の交付を受ける場合（措法37の10③、37の11③）
③ 合併等により外国親法人株式又は特定軽課税外国法人株式の交付を受ける場合（措法37の14の3、37の14の4）
④ 投資信託等の終了又は一部の解約等により金銭等の交付を受ける場合（措法37の10④、37の11④）
⑤ 特定管理株式等又は特定口座内公社債が株式又は公社債としての価値を失ったことによる損失が生じた場合（措法37の11の2①）
⑥ 特定中小会社の特定株式が株式としての価値を失ったことによる損失が生じた場合（措法37の13の2①）
⑦ 「国外転出をする場合の譲渡所得等の特例」及び「贈与等により非居住者に資産が移転した場合の譲渡所得等の特例の適用がある場合（所法60の2、60の3）
⑧ 平成28年1月1日以後に発行される割引債の償還金を受け取る場合（措法37の10①③七、37の3、41の12⑦三）
(2) 譲渡がなかったものとみなされる場合
　次に掲げる場合には、株式等の譲渡がなかったものとみなさ

第3節 居住者（非永住者を除く。）に帰属する公社債株式等に係る所得の課税関係

れる。
① 株式交換又は株式移転があった場合（所法57の4①、②）
② 取得請求権付株式等に係る特例（所法57の4③）
③ 株式等を対価とする株式の譲渡（株式交付）があった場合（措法37の13の3）
④ 資産の譲渡代金が回収不能となった場合等（所法64①②）

> コラム
>
> ●海外株人気と個人の資産所得倍増との関係
> 　日本の個人マネーが急激に海外株式に傾斜しているようです。特に成長性などが著しい米国株の人気が高いようですが、海外株式の場合、そもそも外国の個別企業の情報をリアルタイムに入手することが難しく投資リスクが高いことに加えて、現時点では、円安がどこまで続くのか、海外のインフレがどこまで進展するのかなど不確実な事態の見通しが立たない状況では、その投資判断は非常に難しいのではないかと考えられます。
> 　海外株式に対する人気が高いとはいっても、内容として具体的にどのような株式に投資されているのか判然としませんが、個別企業の株式ではなく、複数以上の米国成長株式とか先進国株式あるいは各種海外リートなどを投資対象として組成された分散型の投資信託などであれば、リスクはかなり回避できるし、入手もしやすいので、投資対象の主なものは、そういった投資信託ではないかと推察されます。
> 　我が国の「NISA」は、居住者又は恒久的施設を有する非居住者が適用を受けることができます。このうち「つみたて投資枠」に受入れることのできる金融商品は、複数の銘柄の有価証券又は複数の種類の特定資産に対して分散投資をして運用を行う信託財産であることとされています。要するに、投資リスクを抑えるために組成された分散型の投資信託に限ることとされているわけです。加えて、長期継続投資を基本としています。この場合の金融商品についても、複数以上の米国成長株式とか先進国株式あるいは各種海外リートな

どを投資対象として長期継続投資することとしているものが数多くあります。

　我が国の個人資産に占める金融資産のうち上場株式や投資信託の占める割合は1割程度で米国と比較すると非常に低い状況であり、このことが両国の高齢者の保有資産の開差につながっているとの見方をする人もいます。そのような中、政府は、資産所得倍増を政策目標の一つにしており、NISAの普及も目指しているようですが、今後NISAがより普及する過程において生じる現象は、個人マネーの海外流出ではないかと推察されます。

　海外株は、利回りの良いものが多く、身近で入手しやすくなってもいます。しかし、投資利回りが良かったとしても、為替変動によるリスクには留意を要します（次の【コラム】参照）。

> **コラム**
>
> **●外貨建てによる公社債の運用損益と為替差損益**
>
> 　外貨建取引を行った場合のその取引金額は、その取引を行った時における外国為替の売買相場により換算した金額として、各種所得の金額を計算することとされているので、業務に伴うものの場合、資産の譲渡（売上）としての取引については譲渡（売上）の収入金額に、資産の取得（仕入）としての取引については取得（仕入）の取得価額に、それぞれその為替差損益の金額を含めて所得金額の計算をすることになります（75ページのハ参照）。
>
> 　したがって、株式や投資信託を外貨建てで売買した場合には、その譲渡対価に為替差損益が反映されることになります。このため、居住者が、例えば高利回りの外国の社債を取得したとしても、その後のその外国の通貨安により、受取利子の総額を超えるほどの高額の元本割れが生じるといったことが起こり得ます。
>
> 　株式はともかく公社債の場合には、通常は元本割れは生じないわけですが、外貨建ての場合には為替の変動により実質的に元本割れが生じます。例えばトルコリラはこの10年以上の間衝撃的な下落をしているわけで、ここで償還又は譲渡するとなると、多額の損失が

現実のものとなります。

　この場合の損失については、居住者又は恒久的施設を有する非居住者の場合、その公社債が公募上場等の公社債株式等に該当するものであり、かつ、金融商品取引業者等を介したものであれば、一定の所得内通算や損益通算及び繰越控除の適用を受けることができます。この点はわずかな救いながらも、金融所得課税の一本化（公社債等及び株式等）をめざした平成25年の抜本的な税制改正の効用の一つであるといえます。

　なお、外貨建て預金については、ここのところ140円を超えるような円安になっているのですが、預入後、逆に円高が進んだ場合、元本割れが生じる恐れがないわけではないと思います。この場合の損失については、損益通算及び繰越控除の適用を受けることはできません。

コラム

●個人に対しても適用されるタックスヘイブン対策税制とコーポレート・インバージョン対策税制

1　タックスヘイブン対策税制

　タックスヘイブン（tax haven）とは「租税回避地」を指し、租税負担が極めて低い国又は地域をいいます。そのタックスヘイブンに実質的に活動のないいわゆるペーパーカンパニーなどを設立しその会社に利益を移転することにより租税を軽減又は回避することを防止するために設けられたのが「タックスヘイブン対策税制」です。

　この税制が適用される場合、当該ペーパーカンパニーである子会社の利益の全部又は一部をその株主等である法人又は個人の利益とみなして、当該株主等に対して課税されることとなります。

　この税制は個人である株主等も適用対象となります（措法40の4①、66の6①）が、そのめずらしいケースとして、香港に設立された資産管理会社に事業実態がないとして、当該会社の所得の一部をその居住者の雑所得とみなして課税された事例があります（令5.12.22裁決・棄却）。

なお、この税制の適用を受ける居住者が実際にその子会社から配当金の支払を受ける場合には、その配当金は配当所得として課税の対象となり二重課税の状態となるので、その居住者の配当所得の金額の計算上みなし課税された金額を控除することとされています（措法40の5①）。

2　コーポレート・インバージョン対策税制

　タックスヘイブン対策税制の場合は、親会社は日本にあり、子会社は国外の租税回避地にあるという前提で仕組まれているわけですが、組織再編をすることによって親子関係を逆転させ、タックスヘイブン対策税制を免れることができます。この組織再編の方法としては、日本にあるＡ社がＢ社を吸収合併し、Ｂ社の株主に対してはＡ社の株式ではなくＡ社の関係会社である国外のＣ社の株式を交付します。この三角合併により親子関係を逆転させる組織再編の形態は、コーポレート・インバージョン（CI、法人の国外移籍）といわれています。

　日本の株主は、CI前はＣ社を支配していましたが、CI後は国外のＣ社を通じてＡ社を支配することになるので、Ａ社の所得を国外のＣ社に移す租税回避行為が可能となります。

　このような形態になった場合においては、株式保有割合等によってはタックスヘイブン対策税制の適用対象とならないケースが生じるため、これを防止するために平成19年に創設されたのがコーポレート・インバージョン対策税制です。

　このCI税制が適用される場合には、タックスヘイブン対策税制同様、国外の会社が留保した所得を日本の法人又は個人の所得とみなして課税の対象とされます（措法40の7①、66の9の2〜66の9の5）。

　なお、配当所得との二重課税については、上記1の「なお書」と同様の扱いとなります。また、当該国外の会社がペーパーカンパニー等ではない場合には、当然この税制は適用されませんし、タックスヘイブン対策税制の適用対象にも該当する場合には、タックスヘイブン対策税制が優先して適用されます。

第4節 非永住者に帰属する公社債株式等に係る所得の課税方式の特徴

所得税法においては、居住形態によって課税所得の範囲が異なることとされています。この点については、14ページの**図表2**のとおりです。再掲すると、次のとおりです。

【図表16】居住形態別の課税所得の範囲及び課税方式

区　分		課税所得	課税方式
居住者	永住者	全ての所得（全世界所得）	原則として総合課税
	非永住者	① 国外源泉所得（国外にある有価証券の譲渡による所得として政令で定めるものを含む。②及び③において同じ。）以外の所得 ② 国外源泉所得で、国内において支払われたもの。 ③ 国外源泉所得で、国外から送金されたもの。	
非居住者		国内源泉所得	総合課税又は源泉分離課税

* 総合課税の対象とされる所得の中には、租税特別措置法により申告分離課税又は源泉分離課税とされるものがあります。
* 国内源泉所得及び国外源泉所得は、それぞれ限定列挙されているので、両方を合わせて「全ての所得」になるわけではありません。

所得分類	国外源泉所得以外の所得		国外源泉所得		
	国内源泉所得	その他	国内払い	国内送金	その他

＊　非永住者は、日本の国籍を有しません（7ページの**図表1**参照）。

　要するに、非永住者（居住者に含まれます。）と非居住者については、永住者（居住者に含まれます。）よりも課税所得の範囲が狭くなっています。このため、88ページの**第3節**の**イ**から**ホ**までは永住者にはそのまま当てはまるのですが、非永住者と非居住者については、限定して整理する必要があります。

　非居住者については、節を改めて115ページの**第5節**において解説することとし、この節では、非永住者に帰属する公社債株式等に係る課税所得の範囲の特徴について解説することにします。

　非永住者に該当する居住者の課税所得の範囲を再掲すると次に掲げる所得です。

A	国外源泉所得（国外にある有価証券の譲渡により生ずる所得として政令で定めるものを含む。以下B及びCにおいて同じ。）以外の所得
B	国外源泉所得で国内において支払われたもの。
C	国外源泉所得で国外から送金されたもの。

　上記**A**のとおり、国外源泉所得には、「国外にある有価証券の譲

渡により生ずる所得として政令で定めるもの」が含まれることとされています。その内容は、有価証券でその所有期間が10年以上であるもののうち、次のⅰからⅲまでに掲げるものの譲渡による所得です（所法7①、所令17）。

(注) これは、平成29年の税制改正によるもので、「国外にある有価証券でその所有期間が10年以上であるものの譲渡による所得のうち一定のもの」を非永住者の課税の対象外とすることが明らかにされたものです。ただし、上記BまたはCに該当するものは、課税の対象となります。

ⅰ	外国金融商品市場において譲渡されるもの。
ⅱ	外国金融商品取引業者への売委託により譲渡されるもの。
ⅲ	外国金融商品取引業者又は国外において投資信託委託会社と同種類の業務を行う者の営業所等に開設された口座に保管の委託がされているものなど。

上記Aの「国外源泉所得以外の所得」のほとんどは国内源泉所得に該当します（111ページの**図表16**の2つ目の＊印参照）。したがって、非永住者に帰属する国内源泉所得に該当するものについては、原則として我が国で課税されることになるので、内国法人の公社債株式等に係る利子配当所得及び譲渡所得等は、原則として88ページの**第3節**の居住者と同様、我が国で課税されることになります。

特徴的なのは、BとCです。Aだけでは国外源泉所得については原則として我が国で課税されることはありませんが、国外源泉所得であっても国内において支払われたもの又は国外から送金されたも

のに該当するのであれば、原則として我が国で課税されることになるわけです。

したがって、非永住者に帰属する外国法人の公社債株式等に係る利子配当所得及び譲渡所得等で、国内において支払われたもの又は国外から送金されたものに該当するのであれば、原則として我が国で課税されることになるわけです。

「国内において支払われたもの又は国外から送金されたもの」の内容については、26ページのA及びBを参照してください。

> **コラム**
>
> ●永住者と非永住者はいずれも居住者に含まれるが、両者で異なる金融所得に係る課税の範囲
>
> 　第3節の租税特別措置法による金融所得の申告分離課税の措置は、永住者である居住者に対する措置ですが、この措置は、非永住者である居住者に対しても適用されます。しかし、両者の課税所得の範囲は所得税法によって異なることとされているので、当該申告分離課税の措置の適用範囲も、それぞれの課税所得の範囲によって異なることになります。つまり、金融所得に係る課税については、永住者である居住者は、公社債株式等に係る全ての所得が原則として申告分離課税の対象となるが、非永住者である居住者は、公社債株式等に係る所得で国外源泉所得以外の所得と国外源泉所得で一定のものに該当するものに限って原則として申告分離課税の対象となります。
>
> 　このことは、恒久的施設を有する非居住者についても同様のことがいえます（123ページの【コラム】参照）。

第5節 非居住者に帰属する公社債株式等に係る所得の課税関係

　居住者以外の個人を「非居住者」といいます。その非居住者の課税所得の範囲は、111ページの**図表16**のとおり、国内源泉所得に限られています（所法7①三）。

　非居住者は日本の国籍の有無を問いません。したがって、日本人が非居住者に該当することがありますが、日本人の場合は、日本に住所がなく、居所も引き続き1年未満であるときです（7ページの**図表1**参照）。

　非居住者の場合、恒久的施設を有するか否か、恒久的施設帰属所得を有するか否かによって、総合課税の対象となる所得の範囲が異なります。総合課税の対象となる所得以外の所得は、原則として源泉分離課税の対象となります。

　非居住者の課税方式の詳細は、31ページの**第5節**のとおりです。
（注）　株式等に係る所得については、租税特別措置法により、申告分離課税又は源泉分離課税の対象となりますが、例外的に総合課税の対象とされているものがあります。

　まず、解説の前提となる非居住者に係る課税所得の範囲や課税方

式の概要について、おさらいをすると、次のイのとおりです。その上で、非居住者に帰属する公社債株式等に係る所得の課税方式の特徴について整理すると、120ページのロのとおりです。

イ 非居住者の課税所得の範囲及び課税方式

　非居住者の課税方法については、所得税法では、次のように規定しています。

（非居住者に対する課税の方法）
第164条　非居住者に対して課する所得税の額は、次の各号に掲げる非居住者の区分に応じ当該各号に定める国内源泉所得について、次節第一款（非居住者に対する所得税の総合課税）の規定を適用して計算したところによる。
　一　恒久的施設を有する非居住者　次に掲げる国内源泉所得
　　イ　第161条第1項第1号及び第4号（国内源泉所得）に掲げる国内源泉所得
　　ロ　第161条第1項第2号、第3号、第5号から第7号まで及び第17号に掲げる国内源泉所得（同項第1号に掲げる国内源泉所得に該当するものを除く。）
　二　恒久的施設を有しない非居住者　第161条第1項第2号、第3号、第5号から第7号まで及び第17号に掲げる国内源泉所得
2　次の各号に掲げる非居住者が当該各号に定める国内源泉所得を有する場合には、当該非居住者に対して課する所得税の額は、前項の規定によるもののほか、当該各号に定める国内源泉所得について第3節（非居住者に対する所得税の分離課税）の規定を適用して計算したところによる。
　一　恒久的施設を有する非居住者　第161条第1項第8号から第16号までに掲げる国内源泉所得（同項第1号に掲げる国内源泉所得に該

当するものを除く。)
　二　恒久的施設を有しない非居住者　第161条第1項第8号から第16号までに掲げる国内源泉所得

　ここでは、第1項において総合課税の対象となる所得について、第2項において分離課税の対象となる所得について規定しており、また、それぞれ恒久的所得を有するか否かにより区別していることに留意してください。

　この所得税法164条の規定ぶりを整理すると、次の**図表17**のようになります。

【図表17】非居住者の課税方式及び課税所得の範囲

区　分	課税方式	国内源泉所得
恒久的施設を有する者	総合課税	①、④（所法164①一イ）
		②、③、⑤〜⑦、⑰（①に該当するものを除く。）（所法164①一ロ）
	源泉分離課税	⑧〜⑯（①に該当するものを除く。）（所法164②一）
恒久的施設を有しない者	総合課税	②、③、⑤〜⑦、⑰（所法164①二）
	源泉分離課税	⑧〜⑯（所法164②二）

＊　○中の数字は、15ページの**図表3**の①から⑰までの番号（118ページの**図表18**の①から⑰までの番号）に対応しています。
＊　総合課税の対象とされる所得の中には、租税特別措置法により申告分離課税又は源泉分離課税とされるものがあります。

上記の所得税法の規定を受けて、所得税基本通達164－1において、非居住者の課税関係の概要を整理していますが、筆者なりに再整理すると、次の**図表18**のようになります。

【図表18】非居住者の課税関係の概要

非居住者の区分 国内源泉所得 （内容は、図表３）	非居住者	
	恒久的施設を有する者	恒久的施設を有しない者
① 国内の恒久的施設帰属所得（②から⑰に該当するものを含む。）	総合課税（⑤から⑯に該当するものは、源泉徴収の上、総合課税）	（対象外）
② 国内にある資産の運用又は保有により生ずる所得（⑧から⑯に該当するものを除く。）	総合課税（恒久的施設帰属所得以外のものは、特定のもののみ）	
③ 国内にある資産の譲渡により生ずる所得	総合課税（恒久的施設帰属所得以外のものは、特定のもののみ）	
④ 組合契約事業利益の配分	源泉徴収の上、総合課税	（対象外）
⑤ 国内にある土地等の譲渡による所得 ⑥ 国内における人的役務提供事業の所得 ⑦ 国内にある不動産の賃貸料等	源泉徴収の上、総合課税	

第5節　非居住者に帰属する公社債株式等に係る所得の課税関係

⑧　内国法人の発行する債券の利子等 ⑨　内国法人から受ける配当等 ⑩　国内業務に係る貸付金利子 ⑪　国内業務に係る使用料等 ⑫　国内において行う勤務に係る給与その他国内の人的役務の提供に対する報酬、公的年金等、退職手当等 ⑬　国内において行う事業の広告宣伝のための賞金 ⑭　国内にある営業所等を通じた生命保険契約に基づく年金等 ⑮　国内にある営業所等が受け入れた定期積金の給付補塡金等 ⑯　国内において事業を行う者に対する出資につき匿名組合契約等に基づく利益の分配	源泉分離課税
⑰　その他の国内源泉所得	総合課税

*　総合課税の対象とされる所得の中には、租税特別措置法により申告分離課税又は源泉分離課税とされるものがあります。

　この図表で分かるように、恒久的施設を有する非居住者については、①の「恒久的施設帰属所得」の所得区分があることに留意してください。この所得には、②から⑰に該当する所得で恒久的施設に帰属すべきものがあればそれも含めて総合課税の対象とすることとされているという特色があります。

□ 非居住者に帰属する公社債株式等に係る所得の課税方式の特徴

非居住者に帰属する所得の課税方式としては、所得税法上は、総合課税又は源泉分離課税によることとされていますが、租税特別措置法の規定により、申告分離課税又は源泉分離課税の対象とされているものがあるので、留意してください。

このうち非居住者に帰属する公社債株式等に係る所得に関する取扱いの特徴としては、次のようなものがあります。

A 恒久的施設及び恒久的施設帰属所得の有無

非居住者の課税所得の範囲は国内源泉所得に限られています。ただし、その非居住者が恒久的施設を有するか否か、恒久的施設帰属所得を有するか否かによって、課税方式が異なることとされているので、留意が必要です（**図表18**参照）。

恒久的施設及び恒久的施設帰属所得の内容については、47ページの**イ**及び48ページの**ロ**を参照してください。

なお、**図表18**中の②から⑰までに該当する所得であっても、①の恒久的施設帰属所得に重複して該当するものは、恒久的施設帰属所得に含まれるものとして取り扱われています。したがって、公社債株式等に係る所得であっても、恒久的施設帰属所得に含ま

B　資産の運用又は保有により生ずる所得

　図表18中の②の「資産の運用又は保有により生ずる所得」には、源泉分離課税の対象となる⑧から⑯までの所得に該当するものは含まれないこととされています。したがって、⑧の利子等及び⑨の配当等の所得は、②の所得には含まれません。

　ただし、次に掲げる所得は、②の所得に含まれることとされています（所令280①、所基通161－14）。

i	公社債のうち日本国の国債若しくは地方債若しくは内国法人の発行する債券又は約束手形により生ずる所得（源泉分離課税の対象となる⑧から⑯までの所得を除く。）
ii	公社債を国内において貸し付けた場合の貸付料及び所令280に規定する国債、地方債、債券若しくは資金調達のために発行する約束手形に係る償還差益又は発行差金
iii	所令280に規定する債権の利子及び当該債権又は所法161に規定する貸付金に係る債権をその債権金額に満たない価額で取得した場合におけるその満たない部分の金額

C　内国法人から受ける利子配当等の所得

　上記Bにあるように、②の「資産の運用又は保有により生ずる

所得」には、原則として⑧の利子等及び⑨の配当等の所得は含まれません。

　また、⑧の利子等及び⑨の配当等の所得であっても、その所得が恒久的施設に帰属するものであれば、①の「恒久的施設帰属所得」に含まれることになっており、原則として総合課税又は分離課税の対象とすることになっています。どこまでの所得が恒久的施設帰属所得に含まれるかについては解釈又は事実認定の域内と考えられます（48ページの口参照）。

　非居住者が内国法人から受ける⑧の利子等及び⑨の配当等の所得について整理すると、次の**図表19**のようになります。

　なお、恒久的施設を有する非居住者が国内において支払を受ける一般利子等（特定公社債等以外の公社債等の利子等）の所得は、居住者と同様に、原則として源泉分離課税の対象となることに留意してください（措法3）。

第5節 非居住者に帰属する公社債株式等に係る所得の課税関係

【図表19】 非居住者の利子配当等の課税方式

区　分		利子等	配当等	
			上場株式等	非上場株式等
恒久的施設を有する者	恒久的施設に帰属するもの	源泉徴収の上、原則として申告分離課税（国内払いの一般利子等は源泉分離課税）（措法3②）	源泉徴収の上、原則として申告分離課税	源泉徴収の上、総合課税
	恒久的施設に帰属しないもの	源泉分離課税	源泉分離課税	源泉分離課税
恒久的施設を有しない者				

* 非居住者が外国法人から受けるものは、国内源泉所得に該当しないため非課税です。

コラム

● 恒久的施設を有する非居住者の金融所得で申告分離課税の対象となるものの範囲

　第3節の租税特別措置法による金融所得の申告分離課税の措置は、居住者に対する措置ですが、この措置は、恒久的施設を有する非居住者に対しても適用されます。しかし、両者の課税所得の範囲は所得税法によって異なることとされているので、当該申告分離課税の措置の適用範囲も、それぞれの課税所得の範囲によって異なることになります（114ページの【コラム】参照）。

　次のDにおいても同じです。

D　内国法人の発行する公社債株式等の譲渡による所得

　居住者（非永住者を含みます。）に係る公社債株式等の譲渡による所得については、原則として申告分離課税の対象となります。

　非居住者に係る公社債株式等の譲渡による所得で、恒久的施設帰属所得に該当するものも、原則として申告分離課税の対象となります（措法37の10、37の11、37の12）。どこまでの所得が恒久的施設帰属所得に含まれるかについては解釈の域内と考えられます（48ページの口参照）。

　内国法人が発行する公社債株式等の譲渡所得等の課税方式について整理すると、次の**図表20**のようになります。

【図表20】 内国法人が発行する公社債株式等の譲渡所得等の課税方式

居住形態		譲渡所得等の課税方式
居住者（非永住者を含む。）		原則として申告分離課税 （措法37の10①、37の11①）
非居住者	恒久的施設に帰属する所得	
	恒久的施設に帰属しない所得	次のような所得に限り、原則として申告分離課税 （措法37の12①③） ①　株式等の買集めによる所得 ②　株式等の事業譲渡類似の譲渡による所得

（注）　損益通算及び繰越控除の対象とすることができるのは、申告分離課税の対象となる公募上場等の公社債株式等に係る譲渡損失で、かつ、金融商品取引業者等を介して売買されるものなど特定の譲渡によるものに限られています（103ページの☞２参照。措法37の12の２①⑤）。

　非居住者に係る公社債株式等の譲渡による所得で、恒久的施設帰属所得に該当しないものは、所得税法施行令281条に定める資産のうち、次のような株式等による所得に限って、申告分離課税の対象となります。

i		内国法人が発行する株式（株主となる権利、株式の割当てを受ける権利、新株予約権及び新株予約権の割当てを受ける権利を含む。）その他内国法人の出資者の持分（株式等という。）による所得で、次に掲げるもの。
	a	同一銘柄の内国法人の株式等の買集めをし、その所有者である地位を利用して、当該株式等をその内国法人若しくはその特殊関係者に対し、又はこれらの者若しくはその依頼する者のあっせんにより譲渡することによる所得 　この場合の「株式等の買集め」とは、金融証券取引所等がその会員等に対し特定の銘柄の株式につき価格の変動その他売買状況等に異常な動きをもたらす基因となると認められる相当数の株式の買集めがあり、又はその疑いがあるものとしてその売買内容等につき報告又は資料の提出を求めた場合における買集めなどをいう。 　また、「特殊関係者」とは、その内国法人又はの役員又は主要な株主等（その株式等の買集めをした者からその株式等を取得することによりその内国法人の主要な株主等となることとなる者を含む。）、これらの者の親族、これらの者の支配する法人、その内国法人の主要な取引先その他その内国法人とこれらに準ずる特殊の関係にある者をいう。
	b	内国法人の特殊関係株主等である非居住者が行うその内国法人の株式等の譲渡による所得（事業譲渡類似の株式等の譲渡による所得） 　この場合の「譲渡」は、次に掲げる要件を満たすものに限る。 ・　譲渡年以前3年内のいずれかの時において、その特殊関係株主等がその内国法人の発行済株式等の総数等の25％以上に相当する数等の株式等を所有していたこと。 ・　譲渡年において、その非居住者を含む特殊関係株主等が最初にその株式等を譲渡する直前のその内国法人の発行済株式等の総数等の5％以上に相当する数等の株式等を譲渡したこと。 　また、「特殊関係株主等」とは、次に掲げる者をいう。 ・　その内国法人の一の株主等 ・　その一の株主等と同族関係者の範囲に該当する特殊

	の関係その他これに準ずる関係のある者 ・　その一の株主等が締結している一定の組合契約に係る組合財産であるその内国法人の株式等につき、その株主等に該当することとなる者
ⅱ	不動産関連法人の株式又は投資口の譲渡による所得 　この場合の「不動産関連法人」とは、その株式の譲渡の日から起算して365日前の日から当該譲渡の直前の時までの間のいずれかの時において、その有する資産の価額の総額のうちに国内にある土地建物等（一定の株式を含む。）の価額の合計額の占める割合が100分の50以上である法人をいう（所令281⑧）。
ⅲ	国内にあるゴルフ場の所有又は経営に係る法人の株式又は出資を所有することがそのゴルフ場を一般の利用者に比して有利な条件で継続的に利用する権利を有する者となるための要件とされている場合における当該株式又は出資の譲渡による所得
ⅳ	国内にあるゴルフ場その他の施設の利用に関する権利の譲渡による所得

（注）　この図表は、57ページの図表のうちのⅳからⅶまでに相当するものです。

　したがって、例えば、上表ⅰ、ⅱ及びⅲのとおり、株式等の譲渡による所得（恒久的施設帰属所得に該当するものを除きます。）については、内国法人の発行する株式等を買い集めて一定の者に譲渡することによる所得や内国法人の特殊関係株主等である者がその株式等を譲渡することによる所得などに限って、課税対象とされることになっています。例えば、令和6年7月、海外在住の日本人元社長で大口株主であった者が、その内国法人の株式を譲渡したにもかかわらず税務申告をしていなかったケースについて、上表ⅰのｂに該当するとして、国税当局から追徴課税された事例

があります。

　ただし、例えば、非居住者に該当する日本人が、日本に滞在する間に株式等を譲渡する場合の所得は、国内源泉所得に該当することになっているので注意してください（58ページのただし書参照）。また、非居住者が公社債等を譲渡した場合の所得は課税対象外ですが、非居住者が日本に滞在する間に公社債等の譲渡した場合の所得については課税対象となります。

> コラム
>
> ● NISAの適用対象の範囲とその影響
> 　「非課税口座内の少額上場株式等に係る配当所得及び譲渡所得等の非課税の特例」いわゆるNISAの特例は、居住者（非永住者を含みます。）及び恒久的施設を有する非居住者に対して適用することとされています（措法9の8、37の14①）。
> 　令和6年1月から適用されている新NISAの投資対象としては、全世界株式や米国成長型株式を対象としたバランス型の投資信託に人気があるとのことで、特に「つみたて投資枠」は、仕組み上、今後も毎年継続して外国株式等に投資されることが想定されます。
> 　この影響は、日本円の値打ちにも及んでおり、必然的に長期的な円安要因の一つになると考えられます。

第 3 章

国外中古建物の不動産所得に係る損益通算等の特例

第 1 節　はじめに（損益通算等の対象とならない不動産所得の赤字）………………………………………………………………131
第 2 節　国外中古建物の不動産所得の赤字を損益通算等の対象外とする主旨……………………………………………………133
第 3 節　特例の適用対象となる国外中古建物……………………136
第 4 節　特例の適用対象となる納税者の範囲……………………139
第 5 節　特例の適用対象となる国外不動産所得の損失の金額………142
第 6 節　国外中古建物を譲渡した場合の取得費の特例……………152
　コラム　不動産の保有形態の多様化・国際化……………………153

第1節 はじめに（損益通算等の対象とならない不動産所得の赤字）

　不動産所得とは、不動産、不動産の上に存する権利、船舶又は航空機の貸付け（地上権又は永小作権の設定その他他人に不動産等を使用させることを含みます。）による所得をいい、事業所得又は譲渡所得に該当するものを除くこととされています。

　不動産所得の金額は、収入金額から必要経費の金額を差し引いて計算します。収入金額から差し引く必要経費は、家屋等の修繕費、火災保険料、減価償却費、固定資産税、管理費、貸倒引当金、専従者給与など、不動産所得を得るために必要な諸経費です。

　不動産所得の金額の計算上生じた損失の金額（赤字の金額）があるときは、これを他の各種所得の金額から控除する（損益通算といいます。）こととされており、また、損益通算をしてもなお残る損失の金額があるときは、原則として、以後3年内の各年の総所得金額等の計算上控除する（繰越控除といいます。）こととされています（所法69、70）。

　ただし、次に掲げる場合の次に掲げる損失の金額は、損益通算等の対象とならないこととされています。
イ　不動産所得の金額の計算上必要経費に算入した金額のうちに土地等を取得するための負債の利子の額がある場合の、その損失の

金額のうち土地等を取得するために要した負債の利子の額に相当する部分の金額（措法41の4）

ロ　特定組合員又は特定受益者が組合事業又は信託から生ずる不動産所得を有する場合の、その損失の金額のうちその組合事業等による損失の金額に相当する金額（措法41の4の2）

ハ　有限責任事業組合契約に基づく事業から生ずる不動産所得、事業所得又は山林所得を有する場合の、その損失の金額のうちその組合員の出資の価額を基礎として計算した金額を超える部分の一定の金額（措法27の2）

ニ　生活に通常必要でない資産に係る所得の金額の計算上生じた損失の金額がある場合の、その損失の金額（生活に通常必要でない資産には、保養の目的で保有する建物等が含まれます。）（所法69②）

ホ　不動産所得の金額の計算上国外中古建物の貸付けによる損失の金額がある場合の、その損失の金額のうちその国外中古建物の償却費に相当する部分の金額（措法41の4の3）

第2節以下では、上記ホの特例について解説することとします。

第2節 国外中古建物の不動産所得の赤字を損益通算等の対象外とする主旨

　建物の減価償却は、定額法によって計算することとされています。その定額法の場合、次の算式によって計算します。

　　建物の取得価額 × 定額法の償却率 ＝ 減価償却費

　この場合の償却率は、その資産の種別ごとの法定耐用年数によってそれぞれ定められています。しかし取得した資産が中古資産である場合には、法定耐用年数ではなく、①資産取得後の使用可能期間として残存耐用年数を見積もる「見積法」によることとされており、②その見積もることが困難なときには「簡便法」によることとされています。

　海外に所在する中古建物は、日本の建物と比較して使用期間が長いものが多いといわれており、建物が「資産」として機能する国では、建物の使用寿命が長いといわれています。一方、日本では、建物は「消費財」に近いと認識されており、その使用寿命は比較的短いものとして扱われています。また、日本の税制では中古資産に対して適用される簡便法による耐用年数は、その使用期間と比べて短い年数によることとされています。このためこの簡便法を利用して

早期に多額の減価償却費を前倒し計上し、不動産所得の金額をより低く計算して総合課税の税負担を軽減している事例が多数存在するといわれています。

　また、この簡便法で減価償却した建物の場合、取得価額はその分だけ低額にはなりますが、その後に譲渡したときには、その譲渡所得について低率の申告分離課税の適用を受けることが可能となります。これは納税者が国内に居住している場合ですが、その納税者が非居住者となった後にその建物を譲渡したときには、その譲渡所得について日本の課税関係が及ばないことになってしまいます。

　このような方法は、高率の超過累進税率の適用を受ける富裕層にとって有利なものとなっているわけで、会計検査院の指摘を受け、令和2年の税制改正では、個人が国外中古建物を有する場合において、その個人の不動産所得の金額の計算上その国外中古建物の貸付けによる損失の金額があるときは、その損失の金額のうちその国外中古建物の償却費に相当する部分の金額については、損益通算の適用対象から除外することとされました。当該償却費に相当する部分の金額を「国外不動産所得の損失の金額」といいます。

　この損益通算の特例は、残存耐用年数を簡便法によって計算している場合のほか、見積法によって計算している場合であってもその見積もり方法が不適切である場合にも適用されます。

　なお、その国外中古建物を譲渡した場合における譲渡所得の金額の計算においては、その取得費から控除することとされる償却費の

額の累計額から、その損益通算の対象外とされた償却費に相当する部分の金額を除くこととされています。

第3節 特例の適用対象となる国外中古建物

　国外中古建物の不動産所得に係る損益通算等の特例（措法41の4の3）の適用対象となる「**国外中古建物**」とは、次の要件を満たす建物をいいます。

イ　国外にある建物（中古建物）

　個人において使用され、又は法人（人格のない社団等を含む。）において事業の用に供された国外にある建物（中古建物）であること。

ロ　不動産所得を生ずべき業務の用に供した建物

　イに該当する中古建物を、個人が取得をして、これを当該個人の不動産所得を生ずべき業務の用に供した建物であること。

ハ　見積法又は簡便法により耐用年数を算定した建物

　当該不動産所得の金額の計算上当該建物の償却費として必要経費

に算入する金額を、財務省令(耐用年数省令という。)に定める次に掲げる見積法又は簡便法により耐用年数を算定している建物であること。要するに、建物に適用されるべき正規の耐用年数によって償却費の計算をしていない建物です。

A　見積法

当該建物をその用に供した時以後の使用可能期間の年数とする方法(耐用年数省令3①一)

ただし、次に掲げるいずれかの書類により当該使用期間が適当であることの確認ができる建物は除くこととされています(措規18の24の2①一)。

ⅰ	当該建物の使用可能期間を当該建物が所在している国の法令に基づく耐用年数に相当する年数にしている旨を明らかにする書類
ⅱ	不動産鑑定士又は当該建物が所在している国における不動産鑑定士に相当する資格を有する者の当該建物の使用可能期間を見積もった旨を証する書類
ⅲ	ⅰ又はⅱに掲げる書類によることが困難である場合には、当該建物をその者が取得した際の取引の相手方又は仲介した者の当該建物の使用可能期間を見積もった旨を証する書類

したがって、ⅰからⅲに掲げる書類が作成された建物について

は、その耐用年数の見積もりが適切なものとして、この損益通算等の特例の適用対象外となります。この場合、ⅰからⅲに掲げる書類又はその写しを確定申告書に添付することになっています（措規18の24の2②）。

B　簡便法

上記見積法によることが困難な場合に、次に掲げる建物の区分に応じてそれぞれ次に掲げる年数とする方法（耐用年数省令3①二）

ⅰ	法定耐用年数の全部を経過した建物	当該建物の法定耐用年数の100分の20に相当する年数
ⅱ	法定耐用年数の一部を経過した建物	当該建物の法定耐用年数から経過年数を控除した年数に、経過年数の100分の20に相当する年数を加算した年数

第4節 特例の適用対象となる納税者の範囲

納税者の課税所得の範囲は、次に掲げる図表のとおり、納税者の居住形態によって異なることになっています。

【図表21】居住形態別の課税所得の範囲及び課税方式

区　分		課税所得	課税方式
居住者	永住者	全ての所得（全世界所得）	原則として総合課税
	非永住者	① 国外源泉所得（国外にある有価証券の譲渡による所得として政令で定めるものを含む。②及び③において同じ。）以外の所得 ② 国外源泉所得で、国内において支払われたもの。 ③ 国外源泉所得で、国外から送金されたもの。	
非居住者		国内源泉所得	総合課税又は源泉分離課税

＊　総合課税の対象とされる所得の中には、租税特別措置法により申告分離課税又は源泉分離課税とされるものがあります。

* 国内源泉所得及び国外源泉所得は、それぞれ限定列挙されているので、両方を合わせて「全ての所得」になるわけではありません。

所得分類	国外源泉所得以外の所得		国外源泉所得		
	国内源泉所得	その他	国内払い	国内送金	その他

　この国外中古建物の不動産所得に係る損益通算等の特例の適用対象者は、「**個人**」とされています。したがって、国外中古建物の不動産所得に係る損益通算等の特例は、居住者であるか非居住者であるかを問わず、「**個人**」であれば適用対象となります（措法41の4の3①）。

　しかし、納税者の課税所得の範囲は、上記の図表のとおり、納税者の居住形態によって異なることになっているわけですから、それに則って、この特例の適用対象になるか否かを判定することになります。

イ　永住者に該当する場合

　納税者が永住者に該当する場合には、全世界所得が課税の対象となるので、当然、この特例の適用対象となります。

ロ　非永住者に該当する場合

　納税者が非永住者に該当する場合には、国外源泉所得については、国内において支払われたもの又は国外から送金されたものに限って

課税の対象となります。

このため、中古建物の貸付け等に係る所得については、国外源泉所得に該当するもので、かつ、国内において支払われたもの又は国外から送金されたものに当てはまるものであれば、この特例の適用対象となります。

八 非居住者に該当する場合

納税者が非居住者に該当する場合には、国内源泉所得に限って課税の対象となります。このため、国外源泉所得に該当する国外中古建物の貸付け等に係る所得については、原則としてこの特例の適用対象外となります。

ただし、その納税者が国内に恒久的施設を有する場合において、その恒久的施設に帰せられるべき国外中古建物の貸付け等に係る所得を有するケースがあるということであれば、そのケースの場合には、この特例の適用対象となり得ます。

国外中古建物の貸付け等に係る所得が、国内の恒久的施設に帰せられるべき所得に該当するか否かは、解釈又は事実認定の枠内であると考えられますが、であるとすればいずれにしても、納税者が非居住者に該当する場合であっても、この特例の適用対象となるケースがあることになります。

（注） 恒久的施設帰属所得の内容については、48ページの口参照

第5節 特例の適用対象となる国外不動産所得の損失の金額

イ 国外不動産所得の損失の金額

　個人が「**国外中古建物**」を有する場合において、その個人の不動産所得の計算上その国外中古建物の貸付けによる損失の金額があるときは、その損失の金額のうちその国外中古建物の償却費に相当する部分の金額については、損益通算の適用対象から除外することとされています。当該償却費に相当する部分の金額を「**国外不動産所得の損失の金額**」といいます。

> （注）　国外中古建物の貸付けには、所得税法161条1項1号に規定する事業場等（恒久的施設を含めません。）に国外中古建物を使用させることを含むこととされています。つまり、恒久的施設を有する非居住者の事業場等に国外中古建物を使用させることを含むこととされています。ここでは、「貸付け」ではなく、「使用」とされていることに留意してください。
> 　したがって、損益通算の適用対象から除外される赤字の金額には、国外中古建物を非居住者の事業場等に「使用させる」ことによる赤字の金額が含まれることになります。

　この場合、「**国外不動産等**」（国外中古建物以外の国外にある不動

産、不動産の上に存する権利、船舶又は航空機をいいます。）の貸付けによる不動産所得の金額（黒字）があるときには、国外中古建物の貸付けによる損失の金額（赤字）を、当該国外不動産等の貸付けによる不動産所得の金額（黒字）の計算上控除してもなお控除しきれない金額（赤字）のうち当該国外中古建物の償却費に相当する部分の金額があるときの、その部分の金額が、「**国外不動産所得の損失の金額**」として、この特例により損益通算の適用対象から除外されることになります（措法41の4の3②二）。

　要するに、国外中古建物の貸付けによる赤字と国外不動産等の貸付けによる黒字がある場合には、双方を内部通算した後の赤字の金額を基にして、損益通算の適用対象外となる損失の金額の計算をすることになります。

［国外中古建物の貸付けによる赤字の金額］－［国外不動産等の貸付けによる黒字の金額］ ➡ 控除しきれない赤字の金額のうち国外中古建物の償却費に相当する部分の金額

□　国外不動産所得の損失の金額の計算

A　国外不動産等の貸付けによる不動産所得の金額がない場合

　国外中古建物の貸付けによる損失の金額のうちその国外中古建物の償却費に相当する部分の金額、すなわち「国外不動産所得の損失の金額」は、国外中古建物ごとに、次に掲げる区分に応じ、

それぞれに計算した金額の合計額とすることとされています（措令26の6の3①）。

i	償却費の額が、国外中古建物の貸付けによる損失の金額を超える場合	当該損失の金額
ii	償却費の額が、国外中古建物の貸付けによる損失の金額以下である場合	当該損失の金額のうち当該償却費の額に相当する金額

これを図表にすると、次のとおりです。

【図表22】損益通算対象外の損失額

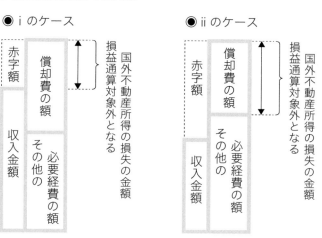

B　国外不動産等の貸付けによる不動産所得の金額がある場合

その年分の不動産所得の金額のうちに国外不動産等の貸付けによる不動産所得の金額がある場合には、次のaの金額からbの金額を控除した金額（ゼロ未満のときはゼロ）を、上記Aによる合計額から控除することとされています（措令26の6の3②）。

a	国外不動産等の貸付けによる不動産所得の金額
b	ⅰの金額からⅱに掲げる金額を控除した金額
ⅰ	上記Aのⅱの国外中古建物の貸付けによる損失の金額の合計額
ⅱ	上記Aのⅱの国外中古建物の償却費の額の合計額

(A) 国外不動産所得の損失の金額の合計額 － [(a) 国外不動産等の貸付けによる不動産所得の金額 － { (b) 国外中古建物の貸付けによる損失の金額の合計額 － 国外中古建物の償却費の額の合計額 }]

要するに、国外不動産等の貸付による不動産所得の金額（黒字）がある場合には、次に掲げる算式で計算した金額を、上記Aによる合計額から差し引くことになるので、損益通算の対象外となる金額が減少することになります。

$$\underset{(a)}{\text{国外不動産等の貸付けによる不動産所得の金額}} - \left(\underset{(b)}{\text{国外中古建物の貸付けによる損失の金額の合計額}} - \text{国外中古建物の償却費の額の合計額}\right)$$

　この場合の計算は複雑で分かりにくいため、国税庁において、青色申告決算書又は収支内訳書の付表が設けられています。この付表の記載例は、次ページのとおりです。

第5節 特例の適用対象となる国外不動産所得の損失の金額

【図表23】青色申告決算書又は収支内訳書（不動産所得用）付表の記載例

氏名 _____

○ 国外中古建物（所得金額が赤字になる場合）の損失金額等

資産の名称	A 収入金額	B 必要経費	C 損失金額 (B-A)	D Bの必要経費のうち減価償却費の金額	E 国外中古建物の損失金額のうち償却費の金額（CとDのうちいずれか少ない方の金額）	F 国外中古建物の損失金額のうち償却費以外の金額 (C-E)
ハワイ建物A	2,400,000円	2,700,000	300,000円	2,400,000円	300,000円	0円
香港建物B	3,600,000	4,900,000	1,300,000	1,200,000	1,200,000	100,000
合計	6,000,000	7,600,000	1,600,000	3,600,000	(Mに転記) 1,500,000	(Kに転記) 100,000

○ 国外中古建物（所得金額が赤字になる場合）以外の国外不動産の所得金額

資産の名称	G 収入金額	H 必要経費	I 所得金額 (G-H)
NY建物C	4,800,000円	4,250,000円	550,000円
台湾建物D	1,560,000	1,660,000	▲100,000
合計	6,360,000	5,910,000	(Jに転記) 450,000

○ 国外不動産所得の損失の金額の計算

J 国外中古建物（所得金額が赤字になる場合）以外の国外不動産の所得金額の合計額【Iの合計を転記】	450,000円
K 国外中古建物の損失金額のうち償却費以外の金額の合計額【Fの合計を転記】	100,000
L 国外不動産の所得金額（国外中古建物の損失金額のうち償却費以外の金額控除後）の合計額【J-K】（赤字の場合は0）	350,000
M 国外中古建物の損失金額のうち償却費の金額の合計額【Eの合計を転記】	1,500,000
N 損益通算ができない国外不動産所得の損失の金額【M-L】（赤字の場合は0）	1,150,000

第3章 国外中古建物の不動産所得に係る損益通算等の特例

この付表は、令和3年分以後の各年において、国外中古建物による不動産所得を有する方が、租税特別措置法(以下「措法」といいます。)41条の4の3(国外中古建物の不動産所得に係る損益通算等の特例)に規定する国外不動産所得の損失の金額がある場合において、その金額を計算するために使用します。
この付表は、青色申告決算書(不動産所得用)又は収支内訳書(不動産所得用)とともに申告書に添付して提出してください。

記載要領等

○ 「国外中古建物(所得金額が赤字になる場合)の損失金額計算」欄
  国外中古建物の貸付けによる不動産所得の損失の金額を資産ごとに計算してください。なお、国外中古建物の貸付けによる所得金額が赤字にならない場合はこの欄には記入しないでください。

○ 「国外中古建物(所得金額が赤字にならない場合)以外の国外不動産の所得金額」欄
  所得金額が赤字にならない国外中古建物や国外中古建物以外の国外にある不動産、不動産の上に存する権利、船舶又は航空機の貸付けによる不動産所得の国外不動産の金額を資産ごとに計算してください。

○ 「国外不動産所得の損失の金額の計算」欄
  不動産所得に係る減価償却費の合計額(青色申告決算書(不動産所得用)の⑪の計欄又は収支内訳書(不動産所得用)の⑨の計欄)から「N 損益通算ができない国外不動産所得の損失の金額を、青色申告決算書(不動産所得用)の⑧欄又は収支内訳書(不動産所得用)の⑦欄に記入してください。
  青色申告決算書(不動産所得用)又は収支内訳書(不動産所得用)の「O 減価償却費の計算」欄に、国外中古建物ごとに損益通算できない国外不動産の所得金額を記入してください。「L 国外不動産の所得金額ごとに損益通算できない国外中古建物の「E 国外中古建物の摘要欄に累積額として記入してください。
  国外中古建物に係る償却費の金額のうち償却費の金額の合計額の金額のうち損失の金額の合計額」欄の金額を算出する必要があるため、「N 損益通算ができない各国外中古建物の摘要欄に累積した金額を各国外中古建物に按分して計算した金額を各国外中古建物の割合を乗じて計算した金額を各国外中古建物の摘要欄に累積額として記入してください。

八 その年分の不動産所得の金額の計算方法

　国外中古建物を有する場合におけるその年分の不動産所得の金額の計算については、次によることとされています（措令26の６の３③）。

　A　その個人が２以上の国外中古建物を有する場合には、これらの国外中古建物ごとに区分して、それぞれ不動産所得の金額を計算します。

　B　その個人が不動産所得を生ずべき業務の用に供される２以上の資産を有する場合において、これらの資産が次に掲げる資産の区分のうち異なる２以上の区分の資産に該当するときは、これらの資産を次に掲げる資産ごとに区分して、それぞれ不動産所得の金額を計算します。

ⅰ	国外中古建物
ⅱ	国外不動産等（ⅰを除く。）
ⅲ	上記の資産以外の不動産所得を生ずべき業務の用に供される資産

　C　その年分の不動産所得の金額の計算上必要経費に算入されるべき金額のうちに、２以上の資産についての貸付け（使用させ

ることを含みます。)に要した費用の額があるときは、それらの共通必要経費の額は、これらの資産の貸付けに係る収入金額その他の合理的と認められる基準によって配分することとされています(措規18の24の2)。

　ただし、継続して次に掲げるいずれかの方法により全ての同一資産共通必要経費の額を配分している場合には、これが認められることになっています。この場合の「同一資産共通必要経費の額」とは、同一の2以上の資産について貸付けに要した費用の額の合計額をいいます(措通41の4の3-1)。

a		同一資産共通必要経費の額に、iに掲げる金額のうちiiに掲げる金額の占める割合を乗じて配分する方法
	i	その年分におけるその2以上の資産の貸付けによる不動産所得に係る総収入金額の合計額
	ii	その2以上の資産のうちそれぞれの資産の貸付けによる不動産所得に係る総収入金額
b		同一資産共通必要経費の額に、iに掲げる金額のうちiiに掲げる金額の占める割合を乗じて配分する方法
	i	その年分のその2以上の資産の取得価額の合計額
	ii	その2以上の資産のうちそれぞれの資産の取得価額

　上記Cの共通必要経費の配分計算の具体例を示すと、次のようになります。

【図表24】 国外中古建物Ａの共通必要経費の額の配分

(設例)

	不動産	取得価額	収入金額	共通経費①	共通経費②	共通経費③
国内	国内不動産	500	100		50	
国外	国外中古建物Ａ	1,000	200	200		100
	国外中古建物Ｂ	800	150		100	
	国外不動産	200	50			50

1 収入按分の方法の場合
   ・共通経費①の配分

   $$200 \times \frac{(国外中古建物Ａの収入)\ 200}{(不動産の収入の合計額)\ 500} = 80$$

   ・共通経費②の配分

   $$100 \times \frac{(国外中古建物Ａの収入)\ 200}{(国外不動産の収入の合計額)\ 400} = 50$$

   ・共通経費③の配分

   $$100 \times \frac{(国外中古建物Ａの収入)\ 200}{(国外不動産以外の収入の合計額)\ 450} = 44.4$$

   ・収入按分の方法による共通必要経費の額の合計額→80＋50＋44.4＝ 174.4

2 価額按分の方法の場合
   ・共通経費①の配分

   $$200 \times \frac{(国外中古建物Ａの価額)\ 1,000}{(不動産の価額の合計額)\ 2,500} = 80$$

   ・共通経費②の配分

   $$100 \times \frac{(国外中古建物Ａの価額)\ 1,000}{(国外不動産の価額の合計額)\ 2,000} = 50$$

   ・共通経費③の配分

   $$100 \times \frac{(国外中古建物Ａの価額)\ 1,000}{(国外不動産以外の価額の合計額)\ 2,300} = 43.5$$

   ・価額按分の方法による共通必要経費の額の合計額→80＋50＋43.5＝ 173.5

(注) 共通必要経費の額を上記の価額按分の方法で配分しようとする場合において、その価額按分の対象となる建物が「家事兼用資産」であるときは、建物の取得価額にその建物を業務の用に供している部分の割合を乗じた金額を取得価額として計算を行います。

第6節 国外中古建物を譲渡した場合の取得費の特例

　国外中古建物の不動産所得に係る損益通算等の特例の適用対象となった国外中古建物を譲渡した場合における譲渡所得の金額の計算においては、その建物の取得費から控除することとされる償却費の額の累計額から、その建物について損益通算の対象外とされた償却費に相当する部分の金額を除くこととされています（措法41の4の3③）。

　要するに、損益通算の特例によって生じなかったものとみなされた償却費に相当する金額分だけ譲渡所得の金額が減額されることになります。

　これを算式にすると、次のとおりです。

譲渡所得に係る収入金額 － 取得費 －（償却費累積額 － **損益通算対象外の償却費の合計額 ★**）－ 譲渡費用 ＝ 譲渡所得

　なお、不動産所得の金額のうちに国外不動産等の貸付けによる不動産所得の金額がある場合（145ページの**B**の場合）には、上記算式中★の金額は、下記のaの金額に「aに占めるb又はcの割合」を乗じて計算した金額の合計額とされます（措令26の6の3④）。

第6節 国外中古建物を譲渡した場合の取得費の特例

a	b及びcの合計額（国外不動産所得の損失の金額）
b	償却費の額が、国外中古建物の貸付けによる損失の金額を超える場合…当該損失の金額
c	償却費の額が、国外中古建物の貸付けによる損失の金額以下である場合…当該損失の金額のうち当該償却費の額に相当する金額

$$a \times \frac{b\,又は\,c}{a} = ★の金額$$

コラム

●不動産の保有形態の多様化・国際化

　不動産の現物を投資対象として取得・保有・譲渡する場合の課税関係については、第1章において解説してきたところです。また、不動産については、REITやREIT投信の形式で金融資産レベルの投資対象とすることもできます。

　REIT（不動産投資信託）は不動産に関する権利を小口証券化して投資の対象とするもので、投資法人の形態をとる場合のその投資口は、株式と同様の課税関係になっています（89ページの①参照）。REITの投資対象の不動産の種類は、それぞれのREITで異なっているので、これを分散投資するために、数種のREITを組み合わせてREIT投信の形態をとって商品化することもできます。現物の不動産を投資対象とする場合には多額の資金を要しますが、REITやREIT投信の場合は少額の資金でも運用可能となります。

　更に、不動産への投資を、組合契約又は信託契約によって現物不動産の持分を取得することにより不動産所得として享受することもできます（132ページのロ及びハ参照）。

　今後は、海外の不動産を投資対象とする商品もREITを中心として多くなると考えられますし、更に流通性を円滑にするために、ブロックチェーン技術を利用したデジタル証券（ST）や非代替性トークン（NFT）の仕組みも開発がすすんでいます。

第4章

国外転出をする場合の
みなし譲渡所得等の課税の特例

第1節	はじめに	157
第2節	国外転出をする場合のみなし譲渡所得等の課税の特例	159
第3節	みなし譲渡所得等課税の適用対象者	163
第4節	みなし譲渡所得等課税の対象となる資産の範囲	165
第5節	課税の対象金額の算定時点	170
コラム	出国と国外転出の違い	172
第6節	納税の猶予	173
第7節	状況に変化などがあった場合の是正措置	176
第8節	課税対象資産の取得価額等の洗替え	181
第9節	二重課税の調整	185
コラム	贈与、相続又は遺贈により非居住者に特例対象資産が移転した場合との主な相違点	186

第1節　はじめに

　未実現の利得に対して課税しないのが我が国の租税法の基本の一つとなっています。しかし、諸外国においては、有価証券などの資産の含み益が国境を越えて移転する場合にはキャピタルゲインが未実現のまま国外に逃避（資産フライト）するとして、その国境を越える際に、それまでの間の未実現の利益に対して課税する制度が設けられている例が多く見受けられます。

　そこで我が国においても、有価証券などの資産に係る未実現の含み益を有する株式などを保有したまま居住者が国外に転出をし又は贈与等により財産が非居住者に移転をし、キャピタルゲイン課税のない国などにおいて売却することによる課税逃れを防止するため、その未実現のキャピタルゲインを国境を越えるなどの際にあらかじめ課税する特例が設けられています。

　我が国の場合は、株式などの資産の未実現のキャピタルゲインが国外に移転をする際に、その有する有価証券等の譲渡が行われたものとみなし、又は未決済信用取引等若しくは未決済デリバティブ取引等の決済が行われたものとみなして、その資産の未実現の値上り

益に対して所得税を課すこととする特例として、次に掲げる2つの特例が、平成27年度の税制改正により設けられています。

これらの特例の適用対象者は「居住者」とされています。

イ　国外転出をする場合のみなし譲渡所得等の課税の特例（所法60の2）

ロ　贈与等により非居住者に資産が移転した場合のみなし譲渡所得等の課税の特例（所法60の3）

この場合、いずれの場合も未実現の利得に対して課税するわけですから、その利得に見合う納税資金は現実的には存在しないことになるので、納税猶予の仕組みが設けられており、また、途中で帰国したときや事情が変わったときの是正措置なども設けられています。

なお、イの特例は、有価証券などの資産を有する居住者が国外転出する場合に、また、ロの特例は、居住者の有する有価証券などの資産が贈与、相続又は遺贈により非居住者に移転する場合に、みなし譲渡所得等として、我が国の所得税を課税することとする特例ですが、2つの特例は、ほぼ類似した内容となっているので、本書では、上記イの特例について解説することとし、上記ロについては、説明を割愛することとします。イの特例とロの特例との主な相違点については、186ページの【コラム】と187ページの**図表31**を参照してください。

第2節 国外転出をする場合のみなし譲渡所得等の課税の特例

　国外転出をする場合のみなし譲渡所得等の課税の特例の適用対象となる場合及びその場合の課税の対象とされる金額は、次のイ及びロに掲げる場合の区分に応じ、それぞれ次に掲げる金額です（所法60の2①②③）。

イ　国外転出年分の確定申告書の提出時までに納税管理人の届出をしたなどの一定の場合

　国外転出の日の属する年分の確定申告書の提出時までに納税管理人の届出をした場合、納税管理人の届出をしないで国外転出をした日以後にその年分の確定申告書を提出する場合又はその年分の所得税につき決定がされる場合には、それぞれ次に掲げる場合の区分に応じ、それぞれ次に掲げる金額が課税の対象となります。

　i　国外転出をする居住者が、その国外転出の時において有価証券若しくは匿名組合契約の出資の持分（「**有価証券等**」という。）を有する場合…国外転出の時における有価証券等の価額に相当する金額

ⅱ　国外転出をする居住者が、その国外転出の時において決済をしていない信用取引又は発行日取引（「**未決済信用取引等**」という。）に係る契約を締結している場合…国外転出の時に未決済信用取引等を決済したものとみなして計算した利益の金額又は損失の金額

ⅲ　国外転出をする居住者が、その国外転出の時において決済をしていないデリバティブ取引（「**未決済デリバティブ取引**」という。）に係る契約を締結している場合…国外転出の時に未決済デリバティブ取引を決済したものとみなして計算した利益の金額又は損失の金額

【図表25】納税管理人の届出があるなどの場合

区　　分	判定の日及び金額	
有価証券等	国外転出の日	みなし譲渡の収入金額
未決裁信用取引等	同　上	みなし決裁の損益の額
未決裁デリバティブ取引	同　上	同　上

ロ　上記イ以外の場合

　上記イ以外の場合には、それぞれ次に掲げる場合の区分に応じ、それぞれ次に掲げる金額が課税の対象となります。

ⅰ　国外転出をする居住者が、その国外転出の時において有価証

券等を有する場合…国外転出の予定日から起算して3ヶ月前の日における有価証券等の価額に相当する金額

ⅱ 国外転出をする居住者が、その国外転出の時において決済をしていない未決済信用取引等に係る契約を締結している場合…国外転出の予定日から起算して3ヶ月前の日に未決済信用取引等を決裁したものとみなして計算した利益の金額又は損失の金額

ⅲ 国外転出をする居住者が、その国外転出の時において決済をしていない未決済デリバティブ取引に係る契約を締結している場合…国外転出の予定日から起算して3ヶ月前の日に未決済デリバティブ取引を決裁したものとみなして計算した利益の金額又は損失の金額

【図表26】図表24以外の場合

区　分	判定の日及び金額	
有価証券等	国外転出予定日の3ヶ月前の日	みなし譲渡の収入金額
未決裁信用取引等	同　上	みなし決裁の損益の額
未決裁デリバティブ取引	同　上	同　上

（注）　みなし譲渡所得等の金額として課税の対象となる金額を、いつの時点の金額とするかについては、上記**イ**のとおり、原則として「**国外転出の日**」の金額によることとされていますが、国外転出をする前に確定申告をする場合には、確定申告をする時点では、国外転出をする時点での課税対象金額の算定が困難となるため、上記**ロ**のとおり、「**国外**

転出の予定日の3ヶ月前の日」の金額によることとされています（170ページの**第5節**参照）。

　なお、この特例により課税対象とされるのは、国外転出する時点又は国外転出の予定日から起算して3ヶ月前の日における価額を基として計算した含み益の価額です。したがって、国外転出後に実際に譲渡や決済が行われる時には、改めてその時点において洗替え計算をして差額を計算し、課税の対象とすることになります（後記176ページの**第7節**及び181ページの**第8節**参照）。

第3節　みなし譲渡所得等課税の適用対象者

　みなし譲渡所得等の課税の特例の適用対象者は、次のイ及びロに掲げる要件を満たす居住者です（所法60の2⑤）。

イ　国外転出をする時における次に掲げる場合の区分に応じ、それぞれ次に掲げる金額が1億円以上である居住者

　　i　上記**第2節**のイに掲げる場合…当該**イ**のⅰ、ⅱ及びⅲに掲げる金額の合計額
　　ⅱ　上記**第2節**のロに掲げる場合…当該**ロ**のⅰ、ⅱ及びⅲに掲げる金額の合計額

　なお、国外転出をする場合の対象財産の価額が1億円以上であるか否かの判定に当たっては、国外に所有するものや含み益のないものも含めて判定します。

ロ　国外転出をする日前10年以内に国内に住所又は居所を有していた期間の合計が5年を超える居住者

国内に住所又は居所を有していた期間の合計が5年を超えるか否かの判定に当たっては、次に掲げる期間の合計によることとされています（所令170③）。

ⅰ	国内に住所又は居所を有していた期間
ⅱ	国外転出する場合のみなし譲渡所得等の特例（所法60の2）の適用がある場合において、納税猶予の規定（所法137の2①）による納税の猶予を受けたときの、当該国外転出の日から当該納税の猶予に係る期限までの期間（ⅰの期間を除きます。）
ⅲ	贈与等により非居住者に資産が移転した場合のみなし譲渡所得等の特例（所法60の3）の適用がある場合において、納税猶予の規定（所法137の3①）の適用を受けるときの、当該贈与等の日から当該納税の猶予に係る期限までの期間（ⅰ及びⅱの期間を除きます。）

第4節 みなし譲渡所得等課税の対象となる資産の範囲

　みなし譲渡所得等の課税の特例の適用対象となるのは、有価証券等、未決済信用取引等及び未決済デリバティブ取引です。それぞれの範囲は、以下のとおりです。

イ　有価証券等の範囲

　みなし譲渡所得等の課税の特例の適用対象となる「**有価証券等**」とは、「**有価証券**」又は「**匿名組合契約の出資の持分**」です（所法60の2①）。

　このうち「**有価証券**」とは、金融証券取引法に規定する有価証券及び所得税法施行令に規定する有価証券に準ずるものをいい、租税特別措置法上の「株式等」とは異なることに留意することが必要です（所法2①十七、所令4）。
　具体的には、次に掲げる図表のとおりです。

【図表27】特例対象の有価証券の範囲

1	国債証券
2	地方債証券
3	特別の法律により法人の発行する債券
4	資産の流動化に関する法律に規定する特定社債券
5	社債券（相互会社の社債券を含む。）
6	特別の法律により設立された法人の発行する出資証券
7	協同組織金融機関の優先出資に関する法律に規定する優先出資証券
8	資産の流動化に関する法律に規定する優先出資証券又は新優先出資引受権を表示する証券
9	株券、新株予約権証券
10	投資信託及び投資法人に関する法律に規定する投資信託又は外国投資信託の受益証券
11	投資信託及び投資法人に関する法律に規定する投資証券、新投資口予約証券、投資法人債券、外国投資証券（例：J-REIT）
12	貸付信託の受益証券
13	資産の流動化に関する法律に規定する特定目的信託の受益証券
14	信託法に規定する受益証券発行信託の受益証券
15	法人が事業に必要な資金を調達するために発行する約束手形のうち、内閣府令で定めるもの（例：コマーシャルペーパー）
16	抵当証券法に規定する抵当証券
17	外国又は外国の者の発行する証券又は証書で上記1～9又は12～16の性質を有する証券又は証書
18	外国の者の発行する証券又は証書で銀行業を営む者その他の金銭の貸付けを業として行う者の貸付債権を信託する信託の受益権又はこれに類する権利を表示するもののうち、内閣府令で定めるもの

19	金融商品市場、外国金融商品市場又は店頭デリバティブ取引におけるオプションを表示する証券又は証書（例：カバード・ワラント）
20	預託証券又は預託証書
21	流通性その他の事情を勘案し、公益又は投資者の保護を確保することが必要と認められる一定の証券又は証書（例：海外CD）
22	上記1～15及び17に掲げる有価証券に表示されるべき権利で、証券が発行されていないもの（例：振替公社債）
23	合名会社、合資会社又は合同会社の社員の持分、協同組合等の組合員又は会員の持分その他法人の出資者の持分
24	株主又は投資主となる権利、優先出資者となる権利、特定社員又は優先出資社員となる権利その他法人の出資者となる権利

　なお、次に掲げる株式又は有価証券で、国内源泉所得（国内において行う勤務その他の人的役務の提供に基因する俸給、給料又は賞与等に限ります。）を生ずべきもの（所法161①十二）は、この特例の適用対象となる有価証券等に含めないこととされています（所法60の2①）。

　これは、これらの株式等に係る所得で国内において行った勤務等に基因するものは、国外転出後においても、我が国において国内源泉所得として課税対象となることによるものです。同様の主旨で、税制適格ストップオクションも国外転出時課税の適用対象外とされています（所基通60の2－6）。

i		特定譲渡制限株式又は承継譲渡制限株式（所令84①）で、その譲渡について制限が解除されていないもの。
ii		次に掲げる権利（当該権利の譲渡についての制限その他特別の条件が付されているもので、株主等として与えられたものを除きます。所令84③）で、その権利を行使したならば課税対象となることを表示した有価証券
	a	改正前の商法に規定する新株予約権
	b	会社法に規定する新株予約権で一定のもの。
	c	株式と引換えに払い込むべき額が有利な金額である場合における当該株式を取得する権利

　また、「**匿名組合契約の出資の持分**」とは、匿名組合契約及びこれに準ずる契約並びに当事者の一方が相手方の事業のために出資をし、相手方がその事業から生ずる利益を分配することを約する契約をいいます。

ロ　未決済信用取引等の範囲

　みなし譲渡所得等の課税の特例の適用対象となる「未決済信用取引等」とは、国外転出の時において決済していない、金融証券取引法に規定する信用取引又は発行日取引です（所法60の2②）。

ハ　未決済デリバティブ取引の範囲

　みなし譲渡所得等の課税の特例の適用対象となる「未決済デリバ

ティブ取引」とは、国外転出の時において決済していない、金融証券取引法に規定するデリバティブ取引です（所法60の２③）。

第5節 課税の対象金額の算定時点

　みなし譲渡所得等の課税の特例によりみなし譲渡所得等の金額として計算された金額は、国外転出の日の属する年分の確定申告の対象となるわけですが、みなし譲渡所得等の金額として課税の対象となる金額は、いつの時点の金額とするかについては、次に掲げる場合には、「**国外転出の日**」の金額によることとされています（所法60の2①一②一③一）。

i	国外転出をする年分の確定申告書の提出の時までに納税管理人の届出をした場合
ii	納税管理人の届出をしないで国外転出をした日以後にその年分の確定申告書を提出する場合
iii	その年分の所得税について決定がされる場合

　しかし、国外転出をする前に確定申告をする場合には、確定申告をする時点では、国外転出をする時点での課税対象金額の算定は困難となるため、「国外転出の予定日の3ヶ月前の日」の金額によることとされています（所法60の2①二②二③二）。例えば、納税管理人の届出をしないで国外転出をする場合には、その国外転出の時

までに確定申告書を提出する必要がありますが、その国外転出の時点では正確に課税対象金額を算定できないことになるため、「**国外転出の予定日の3ヶ月前の日**」の金額によることとされています。

なお、「国外転出の予定日の3ヶ月前の日」から国外転出の日までの間に新たに有価証券の取得等をした場合には、その新たに取得等をした資産の価額を上記の算定額に加算することが必要となります（所基通60の2）。

以上の関係を図表で示すと、次のようになります。

【図表28】価額の算定時点と申告期限

◎　納税管理人の届出がある場合

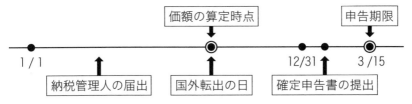

◎　納税管理人の届出がない場合

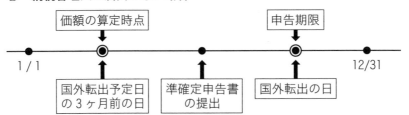

> **コラム**
>
> **●出国と国外転出の違い**
>
> 　所得税法においては、居住者の場合、納税管理人の届出をしないで国内に住所又は居所を有しないこととなることを「**出国**」といいますが（所法2①四十二）、上記特例の「**国外転出**」については納税管理人の届出の有無を問いません。
>
> 　納税管理人の届出をしている場合の確定申告書の提出期限は、原則として翌年3月15日となりますが、納税管理人の届出をしていない場合（出国の場合）の確定申告書の提出期限は、原則として出国の時となります（所法126、127）。

第6節 納税の猶予

　みなし譲渡所得等の課税の特例の場合は、未実現の利得に対して課税するわけですから、その利得に見合う納税資金は現実的には存在しないことになるので、納税猶予の仕組みが設けられています。

イ　納税猶予の期間及び要件

　国外転出の日の属する年分の所得税の額のうち、みなし譲渡所得等に係る所得税の額に相当する部分については、国外転出の日から5年を経過する日（それ以前に帰国等をしたときは、その帰国等の日。満了基準日といいます。）の翌日から4ヶ月を経過する日まで、その納税を猶予することとされています（所法137の2①）。

　なお、納税猶予の期限を延長したい場合には、その5年を経過する日までに届出をすることにより、5年の期間を**10年**とすることができます（所法137の2②）。

　納税猶予を受けるための要件は次のとおりです（所法137の2①③④）。

i	国外転出をする年分の確定申告書に、みなし譲渡所得等の対象資産の明細書や納税猶予分の税額の計算書等を添付して、原則として期限内に提出すること。
ii	納税猶予分の税額に相当する担保を提供すること。
iii	国外転出の時までに納税管理人の届出をすること。

ロ　納税猶予分の税額の計算等

　納税猶予の対象となる所得税の額は、次のⅰの金額からⅱの金額を控除した金額です（所法137の2①）。

i	国外転出をする日の属する年分の所得税の年税額
ii	国外転出の場合のみなし譲渡所得等に係る課税がないものとして計算したその年分の所得税の年税額

　なお、期限後申告、修正申告、更正又は決定による税額については、原則として、この納税猶予の規定は適用されません（所基通137の2－1）。

八　納税猶予中に帰国等をした場合の納税猶予の期限

　納税猶予の期間については、上記イのとおりですが、納税猶予の効用がなくなった場合には、これを中止することが必要となります。
　そこで、国外転出の日から5年又は10年を経過する日前に、次に

掲げる事由に該当することとなった場合には、①その該当することとなった日と②国外転出の日から5年又は10年を経過する日とのいずれか早い日の翌日以後4ヶ月を経過する日を**納税猶予の期限**とすることになっています（所法137の2①②、所令266の2①）。

ⅰ	特例の適用対象者が帰国した場合 （注）　帰国とは、国内に住所を有し又は現在まで引き続いて1年以上居所を有することとなることをいいます。	
ⅱ	特例の適用対象者が死亡したことにより、その国外転出の時に有していた有価証券等又は締結していた未決済信用取引等若しくは未決済デリバティブ取引に係る契約の相続等による移転があった場合において、次に掲げる場合に該当することとなったとき。	
	a	猶予期限までに相続等により有価証券等又は未決済信用取引等若しくは未決済デリバティブ取引に係る契約の移転を受けた相続人等の全てが居住者となった場合
	b	特例の適用対象者について生じた遺産分割等の事由により、その相続等により有価証券等又は未決済信用取引等若しくは未決済デリバティブ取引に係る契約の移転を受けた相続人等に非居住者が含まれないこととなった場合
ⅲ	特例の適用対象者が死亡したことにより、国外転出の時に有していた有価証券等又は締結していた未決済信用取引等若しくは未決済デリバティブ取引に係る契約の相続等による移転があった場合	

第7節　状況に変化などがあった場合の是正措置

　みなし譲渡所得等の課税の特例は、居住者が、有価証券などの資産に係る未実現の含み益を有する株式などを保有したまま国外に転出をする際に、その有する有価証券等の譲渡又は未決済信用取引等若しくは未決済デリバティブ取引等の決済が行われたものとみなして、その資産の未実現の値上り益に対して所得税を課すこととする特例として設けられているわけですが、その効用がなくなった場合や状況に変化が生じた場合には、次のとおり、これを是正することとされています。

イ　特例の適用中の帰国等により課税の取り消しができる場合の更正の請求又は修正申告

　国外転出の時に有していた特例の対象財産を引き続き有していた場合において、その国外転出の日から5年又は10年以内に、次に掲げる事由に該当することとなったときは、それぞれ次に掲げるものについて行われたものとみなされた有価証券等の譲渡、未決済信用取引等の決済及び未決済デリバティブ取引の決済の全てがなかったものとすることができます（所法60の2⑥⑦）。

i	特例の適用対象者が帰国した場合	その帰国の時まで引き続き有している有価証券等又は決済していない未決済信用取引等若しくは未決済デリバティブ取引 （注）　帰国とは、国内に住所を有し又は現在まで引き続いて１年以上居所を有することとなることをいいます。
ii	特例の適用対象者が、その国外転出の時に有していた有価証券等又は未決済信用取引等若しくは未決済デリバティブ取引に係る契約を贈与により居住者に移転した場合	その贈与による移転があった有価証券等、未決済信用取引等又は未決済デリバティブ取引
iii	特例の適用対象者が死亡したことにより、その国外転出の時に有していた有価証券等又は締結していた未決済信用取引等若しくは未決済デリバティブ取引に係る契約の相続等による移転があった場合において、次に掲げる場合に該当することとなったとき。	
	a　猶予期限までに相続等により有価証券等又は未決済信用取引等若しくは未決済デリバティブ取引に係る契約の移転を受けた相続人等の全てが居住者となった場合	その相続等による移転があった有価証券等、未決済信用取引等又は未決済デリバティブ取引
	b　特例の適用対象者について生じた遺産分割等の事由により、その相続等により有価証券等又は未決済信用取引等若しくは未決済デリバティブ取引に係る契約の移転を受けた相続人等に非居住者が含まれないこととなった場合	

上記イの課税の取消しを受けることにより、国外転出の日の属する年分の所得税の額が過大となる場合には、その課税の取消事由に該当することとなった日から4ヶ月以内に更正の請求をすることができます（所法153の2①）

　また、上記イの課税の取消しを受けることにより、国外転出の日の属する年分の所得税の額が過少となる場合には、その課税の取消事由に該当することとなった日から4ヶ月以内に修正申告をすることができます（所法151の2①）

□　納税猶予中の譲渡価額等又は贈与価額が国外転出時の価額等を下回る場合の更正の請求

　国外転出の日の属する年分の所得税について特例の対象財産に係る納税の猶予を受けていた場合において、その納税猶予の期限（満了基準日）までに、その対象財産が譲渡等により移転したときは、その譲渡等に係る部分については、その譲渡等があった日から4ヶ月を経過する日をもって納税猶予に係る期限とされますが、次に掲げる事由が生じた場合には、その事由に該当することとなった日から4ヶ月以内に、国外転出の日の属する年分の所得税の額を再計算するための更正の請求をすることができます（所法60の2⑧、153の2②）。

ⅰ	特例の適用を受けていた有価証券等の譲渡価額が、国外転出の時の価額を下回ることとなったことにより、国外転出の日の属する年分の所得税の額が過大となる場合
ⅱ	特例の適用を受けていた未決済信用取引等又は未決済デリバティブ取引に係る利益の額又は損失の額が、国外転出の時の利益の額又は損失の額を下回り又は上回ることとなったことにより、国外転出の日の属する年分の所得税の額が過大となる場合
ⅲ	特例の適用を受けていた有価証券等又は未決済信用取引等若しくは未決済デリバティブ取引に係る契約が贈与又は限定承認に係る相続により移転をした場合

※ 「有価証券等」の譲渡で、その譲渡の時における価額より低い価額によりされるものについては、この更正の請求をすることはできないこととされています（所令170④）。

※ 贈与により移転する場合については、上記ⅲと前記イのⅱとを選択して適用を受けることになります（所基通60の2－11）。

八　納税猶予の期限到来時の譲渡価額等が国外転出時の価額等を下回る場合の更正の請求

　国外転出の日の属する年分の所得税について特例の対象財産に係る納税の猶予を受けている場合において、国外転出の日から5年又は10年を経過する日（猶予期限といいます。）において、その国外転出の日から引き続き有している特例の対象財産が、次に掲げる場合に該当するときは、その猶予期限における利益の額又は損失の額により国外転出の日の属する年分の所得税の額を再計算するための更正の請求をすることができます（所法60の2⑩）。

i	特例の適用を受けていた有価証券等の猶予期限の価額が国外転出の時の価額を下回ることとなったことにより、国外転出の日の属する年分の所得税の額が過大となる場合
ii	特例の適用を受けていた未決済信用取引等又は未決済デリバティブ取引に係る利益の額又は損失の額が、国外転出の時の利益の額又は損失の額を下回り又は上回ることとなったことにより、国外転出の日の属する年分の所得税の額が過大となる場合

二　確定申告期限前に譲渡等をした場合の減額措置

　納税管理人の届出をしている場合において、国外転出の日の属する年分の所得税の確定申告期限までに、特例の対象財産が譲渡等により移転したときは、上記ロに準じて、当該年分の所得税の額を実際の譲渡価額又は利益の額若しくは損失の額によって計算して確定申告をすることになっています（所法60の2⑨）。

（注）　国外転出後に、有価証券等を発行した法人の株式交換、株式移転、取得請求権付株式の請求権の行使等、株式無償割当て、合併、新株予約権の行使などにより取得した有価証券等は、その者が引き続き所有していたものとみなすこととされています（所法60の2⑪）。
　　　したがって、これらの有価証券等についても、上記イからニまでの措置の適用をすることになります。

第8節　課税対象資産の取得価額等の洗替え

　みなし譲渡所得等の課税の特例により課税対象とされるのは、有価証券のみなし譲渡の場合を例にとると、国外転出する時点又は国外転出の予定日から起算して3ヶ月前の日における価額を収入金額とみなし、その金額からその有価証券の実際の取得価額及び譲渡費用等の金額を差し引いて計算した所得の金額です（上場株式等に該当するものについては、損益通算及び繰越控除の特例の適用を受けられます。）。

　国外転出する時点又は国外転出の予定日から起算して3ヶ月前の日における価額 － 実際の取得価額及び譲渡費用等の金額 ＝ みなし譲渡所得等の金額

　このため、その後その有価証券を実際に譲渡した場合には、実際の譲渡による収入金額から洗替えをした後の取得価額及び譲渡費用等の金額を差し引いて所得の金額を計算することになります（所法60の2④）。

実際の譲渡に   洗替えをした後の取得価
よる収入金額   － 額及び譲渡費用等の金額 ＝ 譲渡所得等の金額

　この洗替えの関係を図表で例示すると、次のようになります。

イ　有価証券等の場合

【図表29】取得価額の洗替え

① ケース１

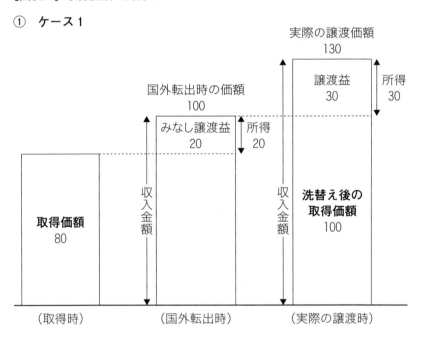

② ケース2

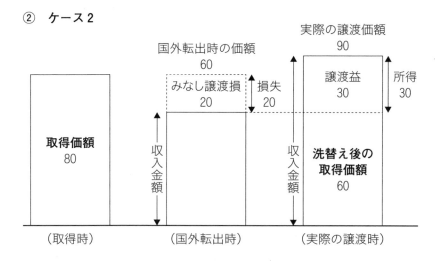

ロ 未決済信用取引等又は未決済デリバティブ取引の場合

【図表30】決済損益の洗替え

① ケース1

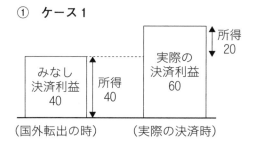

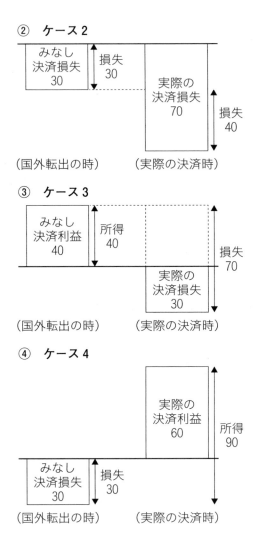

(注) 176ページの**第7節**の**イ**に掲げる課税の取消しが行われた特例の対象資産の取得価額及び損益の額は、国外転出前の価額等になります。また、**第7節**の**ロ、ハ及びニ**に掲げる場合において、所得税の減額更正を受けたときには、その減額後の価額によって取得価額及び損益の額の計算をすることになります。

第9節 二重課税の調整

イ 特例の対象財産等を実際に譲渡等をした場合

みなし譲渡所得等の課税の特例の適用を受けていた居住者が、その適用を受けていた対象資産の譲渡等をした場合には、181ページの第8節のとおり取得価額等の洗替えを通じて二重課税を調整することになります。

ロ 納税猶予の期限までに、特例の対象財産等を実際に譲渡等をした場合

当該特例の適用を受けた居住者でその納税の猶予を受けているものが、その納税猶予の期限（満了基準日）までに、その対象財産が譲渡等をした場合において、その譲渡等に係る所得について外国所得税を納付することとなるときは、当該外国所得税の額のうち当該譲渡等に係る所得に対応する部分の金額は、外国税額控除（所法95①）の対象となります（所法95の2①）。

この場合の外国税額控除の適用を受けるためには、当該外国所得税を納付することとなる日から4ヶ月以内に、国外転出時課税の適

用を受けた年分の所得税について更正の請求をすることになります（所法153の６）。

> **コラム**
>
> ●贈与、相続又は遺贈により非居住者に特例対象資産が移転した場合との主な相違点
>
> 　我が国の場合、居住者の有する有価証券などの資産の含み益が国境を越えて国外に移転する場合に、その国境を越える時点において、その居住者の有する有価証券等の譲渡が行われたものとみなし又は未決済信用取引等若しくは未決済デリバティブ取引等の決済が行われたものとみなして、その資産の未実現の値上り益に対して所得税を課すこととする特例として、次に掲げる２つの特例が、設けられています。
>
> 　　イ　国外転出をする場合のみなし譲渡所得等の課税の特例（所法60の２）
> 　　ロ　贈与等により非居住者に資産が移転した場合のみなし譲渡所得等の課税の特例（所法60の３）
>
> 　イの特例は、居住者が国外転出をする場合に適用することとされています。
>
> 　一方、ロの特例の適用対象とされるのは、居住者の有する有価証券などの資産が贈与により非居住者に移転する場合と、相続により非居住者に移転する場合とに分けられています。
>
> 　本章では、イの特例について解説することとし、ロの特例については、説明を割愛することとしました。これは、それぞれの特例の内容がほぼ同様のものとなっていることによるものですが、その主な相違点を整理すると次の**図表31**のとおりです。

第9節　二重課税の調整

【図表31】 贈与、相続又は遺贈により非居住者に特例対象財産が移転した場合との主な相違点

	居住者が国外転出する場合	非居住者への贈与の場合	非居住者への相続の場合 ☞1
特例の適用対象となる場合	居住者が国外転出した場合	居住者が非居住者に対して特例対象財産を贈与した場合	居住者が死亡し、非居住者である相続人等が特例対象財産を取得した場合 ☞2
課税対象金額の算定時点	国外転出の日又は国外転出予定日の3ヶ月前の日	贈与の日	相続開始の日
所得税の確定申告期限	国外転出の日又は通常の確定申告の期限（翌年3月15日）	通常の確定申告期限（翌年3月15日）	被相続人の準確定申告の期限（相続開始後4ヶ月以内に相続人等が申告）☞3
取得価額の洗替え	居住者の実際の譲渡等の時	受贈者の実際の譲渡等の時	相続人等の実際の譲渡等の時

☞1　限定承認に係る相続又は限定承認に係る包括遺贈による移転は含まれない（所基通60の3－1）。

☞2　特例対象財産の価額が1億円以上であるか否かの判定に当たっては、居住者である相続人等に移転した財産の価額を含めて判定する（所基通60の3－2）。

☞3　納付すべき所得税額は、納税猶予分を除き、相続税の債務控除の対象となる（相法14③）。

第5章

国外財産調書

第1節　はじめに……………………………………………………191
　コラム　国外財産の種類別の内訳…………………………………193
第2節　国外財産調書の制度の概要………………………………194
第3節　財産債務調書の制度との関係……………………………196
　コラム　財産債務調書の前身は財産債務明細書…………………198
第4節　国外財産の所在……………………………………………200
第5節　国外財産調書の記載事項及び国外財産の価額…………205
第6節　過少申告加算税等の軽減又は加重などの措置…………211
第7節　当該職員の質問検査権等…………………………………214
第8節　国外財産調書の記載例等…………………………………215

第1節　はじめに

　近年、国外財産の保有が増加傾向にある中で、国外財産に係る所得税や贈与税等の申告漏れなどが増加している現実があり、国外財産に係る課税の適正化が喫緊の課題となっています。こういったことを背景として、国外財産の状況を把握する方策として、国税当局が国外財産を把握する仕組みや、国外財産を保有している納税者からその保有する国外財産の状況を、課税当局に対して毎年自ら申告してもらう制度が創設されています。

　課税当局が国外財産の状況を把握する仕組みなどの主なものとしては、次のようなものがあります。

i	**財産債務調書**の提出による把握	総所得金額等が2,000万円を超え、かつ、総資産が3億円以上若しくは国外に有する有価証券などの資産が1億円以上の納税者、又は総所得金額等の金額の多寡を問わず総資産が10億円以上の納税者は、その有する財産及び債務の内容を記載した財産債務調書を課税当局に対して提出する義務がある。
ii	**国外送金等調書**の提出による把握	国外送金又は国外からの送金等の受領（国外送金等という。）をする者は、その内容を記載した告知書を金融機関の営業所等に提出することとされており、金融機関は、その告知された内容等を記載した国外送金等調書を課税当局に対して提出する義務がある。
iii	**国外財産調書**の提出による把握	総所得金額等の金額の多寡を問わず、国外財産が5,000万円を超える納税者は、その有する国外財産の内容を記載した国外財産調書を課税当局に対して提出する義務がある。
iv	**国外証券移管等調書**の提出による把握	国内証券口座と国外証券口座との間で有価証券の移管又は有価証券の受入れをする者は、その内容を記載した告知書を金融商品取引業者等の営業所等に提出することとされており、金融商品取引業者等は、その告知された内容等を記載した国外証券移管等調書を課税当局に対して提出する義務がある。
v	**CRSによる金融口座情報**による把握	CRS（Common Reporting Standard）は、OECDが策定した共通報告基準に基づくもので、世界各国の税務当局が有する金融口座の情報を相互に交換する仕組みであり、各国の金融機関を通じて各国で情報交換されることになっている。この仕組みに参加していない国もある。

　本章では、これらのうち**国外財産調書**の制度の適用関係について解説することとします。

第1節　はじめに

> **コラム**
>
> ●国外財産の種類別の内訳
>
> 　国税庁の公表資料（注）によると、国外財産調書の総提出件数は、12,494件で、その総財産額は、5兆7,222億円（令和4年末の令和4年分）とされています。
>
> 　そしてその総財産額の種類別の内訳は、次のとおりとされています。
>
> | 財産の種類 | 総　　額 | 構成比 |
> |---|---|---|
> | 有価証券 | 3兆4,569億円 | 60.4% |
> | 預貯金 | 7,775億円 | 13.6% |
> | 建物 | 4,842億円 | 8.5% |
> | 貸付金 | 1,754億円 | 3.1% |
> | 土地 | 1,568億円 | 2.7% |
> | 上記以外の財産 | 6,713億円 | 11.7% |
> | 合　計 | 5兆7,222億円 | 100.0% |
>
> 　日本の個人マネーが急激に海外株式に傾斜している点については、96頁のコラムのとおりですが、上記の国外財産の種類別の内訳によると、有価証券の合計額は3兆4,569億円で、総財産額に占める割合は60.4%となっています。預貯金の合計額を含めると、金融資産の合計額の占める割合は74.0%となっており、現物財産である土地・建物の合計額の占める割合の11.2%に比較して高い比率となっています。
>
> 　（注）　令和6年1月国税庁「令和4年分の国外財産調書の提出状況について」

第2節 国外財産調書の制度の概要

　国外財産調書の制度は、平成24年の税制改正により創設されたもので、居住者（非永住者を除きます。）は、その年の12月31日において有する国外にある財産の価額の合計額が5,000万円を超える場合には、その有する国外財産の種類、数量及び価額その他必要な事項を記載した「**国外財産調書**」を、その年の翌年6月30日までに提出しなければならないこととされています。この調書は、所得税の納税義務がない場合であっても、国外財産の合計額が5,000万円を超える場合には提出を要することになっています（国外調書法5①）。

　また、相続開始年の12月31日においてその価額の合計額が5,000万円を超える国外財産を有する相続人等は、相続開始年の年分の国外財産調書については、相続国外財産を除外したところにより記載して提出することができることとされています。この場合の国外財産調書の提出義務については、国外財産の価額の合計額からその相続開始年に取得した相続国外財産の価額の合計額を除外して判定することになっています（国外調書法5②）。

　なお、国外財産調書の提出に当たっては、別途「**国外財産調書合**

計表」を作成して提出することになっています。

第3節 財産債務調書の制度との関係

　所得税の確定申告書に記載すべき納税者のその年分の総所得金額等が2,000万円を超え、かつ、その年の12月31日においてその価額の合計額が3億円以上の財産又はその価額の合計額が1億円以上の「国外転出特例対象財産」を有する場合には、その有する財産の種類、数量及び価額並びに債務の金額その他必要な事項を記載した**「財産債務調書」**を、その年の翌年6月30日までに提出しなければならないこととされています（国外調書法6の2①）。

　この特例の適用対象者は、「…申告書を提出すべき者又は提出することができる者」とされているので、居住者、非居住者のいずれに対しても適用されます。

　（注）　国外転出特例対象財産とは、国外転出時課税（第4章参照）の対象となる有価証券等並びに未決済信用取引等及び未決済デリバティブ取引に係る権利をいいます。

　また、相続開始年の年分の所得税の確定申告書に記載すべき総所得金額等が2,000万円を超え、かつ、相続開始年の12月31日においてその価額の合計額が3億円以上の財産又はその価額の合計額が1

億円以上の国外転出特例対象財産を有する相続人は、その相続等により取得した財産又は債務を除外したところにより記載して提出することができることとされています。この場合の財産債務調書の提出義務については、その者の有する財産の価額の合計額からその相続開始年に取得したその相続等により取得した財産を除外して判定することになっています（国外調書法6の2②）。

なお、令和5年からは、その年の12月31日においてその価額の合計額が10億円以上の財産を有する場合には、総所得金額等が2,000万円以下であっても財産債務調書を提出しなければならないこととされています（国外調書法6の2①）。

【図表32】財産債務調書と国外財産調書の対象者の対比

財産債務調書		国外財産調書
改正前の対象者	追加された対象者	
所得総額2,000万円超	所得基準なし	所得基準なし
総資産3億円以上 又は 国外有価証券等1億円以上	総資産 10億円以上	国外財産 5,000万円超

国外財産調書と財産債務調書については、以上のように、提出義務者や記載すべき内容が異なっているため、一方の提出義務がない場合においても他の一方の提出義務があるケースが生じる関係になります。

両方の提出義務があるケースにおいては、記載事項の重複する財産が生じるため、財産債務調書には、国外財産調書に記載した国外財産に関する事項については、国外財産の合計額を除き、記載を要しないこととされています（国外調書法6の2③）。その場合の財産債務調書の記載要領は、次ページの別紙のとおりです。

　なお、国外の債務については国外財産調書の対象ではないため、財産債務調書にその詳細を記載することが必要です。

> **コラム**
>
> **●財産債務調書の前身は財産債務明細書**
>
> 　財産債務調書の前身は、昭和25年のシャウプ勧告に基づいて創設された「財産債務明細書」です。この明細書は、課税当局において申告内容の検証に活用するには内容的に不十分であることや不提出等に対する牽制措置がなかったなどの問題があったため廃止することとされ、平成27年の税制改正の際に、財産債務調書の制度に改変されました。
>
> 　改正後の財産債務調書は、その内容を充実させた上、適正な提出を確保するため、国外財産調書と同様のインセンティブ措置が講じられています（211ページの**第6節**参照）。

第3節　財産債務調書の制度との関係

【別紙】「財産債務調書」に係る国外財産の価額の記載箇所

「国外財産調書に記載した国外財産の価額の合計額」及び「うち国外転出特例対象財産の価額の合計額」を記載する。

第4節 国外財産の所在

　国外財産とは、国外にある財産をいうこととされており、財産の種類を問わないこととされています。この場合の「国外にある」かどうかは、財産の種類ごとにその年の12月31日の現況で判定することになります。

　例えば、不動産等はその不動産等の所在、金融機関に対する預金はその預金等を受け入れた営業所等の所在、貸付金はその債務者の住所又は本店等の所在により判定することになります（国外調書法2、国外調書令10、相法10）。

　なお、社債や株式、集団投資信託などの有価証券等に係る所在の判定については、金融商品取引業者等の営業所等に開設された口座に係る振替口座簿に記載等がされているものである場合には、その有価証券等の発行法人がどこに所在するかではなく、その口座が開設された金融商品取引業者等の営業所等の所在によることとされています（国外通達5－6の2）。

　したがって、国外の金融機関口座内の有価証券等であれば国外財産に該当することになりますし、国内の金融機関口座内の有価証券等であれば国外財産に該当しないことになります。また、そのいず

れにも該当しない場合には、国外に本店又は主たる事務所が所在する法人が発行する有価証券等が国外財産に該当することになります。

各財産の具体的な判定については、国税庁作成の「国外財産調書制度」(FAQ)において、次のとおり明らかにされています。

【図表33】財産の所在の判定表

	財産の種類	所在の判定	
1	動産若しくは不動産又は不動産の上に存する権利	その動産又は不動産の所在	
2	1のうち、船舶又は航空機	船籍又は航空機の登録をした機関の所在　☞1	
3	鉱業権若しくは租鉱権又は採石権	鉱区又は採石場の所在	
4	漁業権又は入漁権	漁場に最も近い沿岸の属する市町村又はこれに相当する行政区画	
5	金融機関に対する預金、貯金、積金又は寄託金　☞2	その預金等の受入れをした営業所又は事業所の所在	
6	保険金（保険の契約に関する権利を含みます。）☞3	その保険の契約に係る保険会社等の本店等又は主たる事務所の所在	
7	退職手当金、功労金その他これらに準ずる給与（一定の年金又は一時金に関する権利を含みます。）☞4	その給与を支払った者の住所又は本店若しくは主たる事務所の所在	
8	貸付金債権	その債務者の住所又は本店若しくは主たる事務所の所在　☞5	口座が開設された金融商品取引業者等の営業所等の所在　☞8

9	社債若しくは株式(株式に関する権利(株式を無償又は有利な価額で取得することができる権利その他これに類する権利を含みます。)が含まれます。)、法人に対する出資又は外国預託証券 ☞6・☞7	その社債若しくは株式の発行法人、その出資のされている法人又は外国預託証券に係る株式の発行法人の本店又は主たる事務所の所在	
10	集団投資信託又は法人課税信託に関する権利	これらの信託の引受けをした営業所、事務所その他これらに準ずるものの所在	
11	特許権、実用新案権、意匠権若しくはこれらの実施権で登録されているもの、商標権又は回路配置利用権、育成者権若しくはこれらの利用権で登録されているもの。	その登録をした機関の所在	
12	著作権、出版権又は著作隣接権でこれらの権利の目的物が発行されているもの。	これを発行する営業所又は事業所の所在	
13	1から12までの財産を除くほか、営業所又は事業所を有する者の営業上又は事業上の権利	営業所又は事業所の所在	
14	国債又は地方債	この法律の施行地(国内)	口座が開設された金融商品取引業者等の営業所等の所在 ☞8
15	外国又は外国の地方公共団体その他これに準ずるものの発行する公債	その外国	
16	預託金又は委託証拠金その他の保証金(5に該当する財産を除きます。)	左記の預託金等の受入れをした営業所又は事務所の所在	

第4節　国外財産の所在

17	抵当証券又はオプションを表示する証券若しくは証書	左記の有価証券の発行者の本店又は主たる事務所の所在	
18	組合契約等に基づく出資	左記の組合契約等に基づいて事業を行う主たる事務所、事業所その他これらに準ずるものの所在	口座が開設された金融商品取引業者等の営業所等の所在 ☞8
19	信託に関する権利	その信託の引受けをした営業所、事務所その他これらに準ずるものの所在	
20	未決済信用取引等又は未決済デリバティブ取引に係る権利	これらの取引に係る契約の相手方である金融商品取引業者等の営業所、事業所その他これらに類するものの所在	
21	１から20までに掲げる財産以外の財産	その財産を有する者の住所（住所を有しない場合は居所）	

☞1　船籍のない船舶については、相続税法基本通達10−1に基づき、動産としてその所在により国外財産であるかどうかを判定します。

☞2　「金融機関に対する預金、貯金、積金又は寄託金」とは、相続税法施行令第１条の13に規定するものをいいます。

☞3　「保険の契約に関する権利」の所在については、国外送金等調書規則第12条第２項の規定の適用があります。

☞4　「一定の年金又は一時金に関する権利」とは、相続税法施行令第１条の３に定める年金又は一時金に関する権利（これらに類するものを含みます。）をいいます。

☞5　債務者が2以上ある場合には、主たる債務者とし、主たる債務者がないときは、相続税法施行令第1条の14により判定した一の債務者となります。

☞6　「外国預託証券」とは、相続税法施行令第1条の15《有価証券》に規定する外国預託証券をいいます。

☞7　「株式に関する権利（株式を無償又は有利な価額で取得することができる権利その他これに類する権利を含みます。）」の所在については、国外送金等調書規則第12条第2項の規定の適用があります。

☞8　この欄の左記の財産に係る有価証券が、金融商品取引業者等の営業所等に開設された口座に係る振替口座簿に記載等がされているものである場合の取扱いです。

第5節 国外財産調書の記載事項及び国外財産の価額

　国外財産調書には、納税者の氏名・住所又は居所・マイナンバー、国外財産の種類・数量・価額・所在等を記載することとされています。このうち国外財産については、種類別・用途別（一般用及び事業用の別）・所在別の数量及び価額に記載することとされています（国外通達5－4）。

　また、国外財産の「価額」については、その年の12月31日における時価又は時価に準ずるものとして見積価額によることとされており、邦貨換算をする必要がある場合には、外国為替の売買相場によることとされています（国外調書令10、国外通達5－11）。

　「時価」とは、12月31日における国外資産の現況に応じ、不特定多数の当事者間で自由な取引が行われる場合に通常成立すると認められる価額をいい、「見積価額」とは、12月31日における国外資産の現況に応じ、その財産の取得価額や売買実例価額などを基に、合理的な方法により算定した価額をいいます（国外通達5－7）。

　なお、合理的な方法により算定した見積価額とは、例えば、次の

ような方法により算定された価額をいうこととされています(国外通達5-8)。

【図表34】国外財産の種類別の見積価額の算定方法

国外財産の種類	見積価額の算定方法
土地	次のいずれかの方法により算定した価額 (1) 外国又は外国の地方公共団体の定める法令により固定資産税に相当する租税が課される場合には、その年の12月31日が属する年中に課された当該租税の計算の基となる課税標準額 (2) 取得価額を基にその取得後における価額の変動を合理的な方法によって見積もって算出した価額 　(注)　具体的には、取得価額に合理的な価格変動率を乗じて、その年の12月31日における見積価額を算定します。この場合の合理的な価格変動率は、その国の統計機関(統計局、統計庁など)が公表する不動産に関する統計指標等を参考にして求めることができます。 　　なお、統計機関は、様々な統計指標をインターネット上に公開しており(国により掲載情報は異なります。)、日本の総務省統計局のホームページ上に、「外国政府の統計機関」として、様々な国の統計機関のホームページへのリンクが掲載されています。 　(http://www.stat.go.jp/info/link/5.html) (3) その年の翌年1月1日から国外財産調書の提出期限までにその財産を譲渡した場合における譲渡価額
建物	次のいずれかの方法により算定した価額 (1) 外国又は外国の地方公共団体の定める法令により固定資産税に相当する租税が課される場合には、その年の12月31日が属する年中に課された当該租税の計算の基となる課税標準額 (2) 取得価額を基にその取得後における価額の変動を合理的な方法によって見積もって算出した価額(詳細については土地の欄を参照してください。) (3) その年の翌年1月1日から国外財産調書の提出

	期限までにその財産を譲渡した場合における譲渡価額 (4) 業務の用に供する資産以外のものである場合は、取得価額から、その年の12月31日における経過年数に応ずる償却費の額を控除した金額 　(注)「経過年数に応ずる償却費の額」は、その財産の取得又は建築の時からその年の12月31日までの期間（その期間に1年未満の端数があるときは、その端数は1年として計算します。）の償却費の額の合計額。また、償却方法は、定額法によるものとし、耐用年数は、減価償却資産の耐用年数等に関する省令に規定する耐用年数によります。
山林	次のいずれかの方法により算定した価額 (1) 外国又は外国の地方公共団体の定める法令により固定資産税に相当する租税が課される場合には、その年の12月31日が属する年中に課された当該租税の計算の基となる課税標準額 (2) 取得価額を基にその取得後における価額の変動を合理的な方法によって見積もって算出した価額（詳細については土地の欄を参照してください。） (3) その年の翌年1月1日から国外財産調書の提出期限までにその財産を譲渡した場合における譲渡価額
現金	その年の12月31日における有り高
預貯金	その年の12月31日における預入高 （注）定期預金（定期預貯金を含む。以下「定期預金等」といいます。）で、その年の12月31日において当該定期預金等に係る契約において定める預入期間が満了していないものについては、当該契約の時に預入した元本の金額を見積価額として差し支えありません。
有価証券 （金融商品取引所等に上場等されている有価証券以外の有価証券）	次のいずれかの方法により算定した価額 (1) その年の12月31日における売買実例価額（同日における売買実例価額がない場合には、同日前の同日に最も近い日におけるその年中の売買実例価額）のうち、適正と認められる売買実例価額 (2) (1)による価額がない場合には、その年の翌年1

	月１日から国外財産調書の提出期限までにその財産を譲渡した場合における譲渡価額 (3) (1)及び(2)がない場合には、次の価額 　イ　株式については、当該株式の発行法人のその年の12月31日又は同日前の同日に最も近い日において終了した事業年度における決算書等に基づき、その法人の純資産価額（帳簿価額によって計算した金額）に自己の持株割合を乗じて計算するなど合理的に算出した価額 　ロ　新株予約権については、その目的たる株式がその年の12月31日における金融商品取引所等の公表する最終価格がないものである場合には、同日におけるその目的たる株式の見積価額から１株当たりの権利行使価額を控除した金額に権利行使により取得することができる株式数を乗じて計算した金額 　　（注）「同日におけるその目的たる株式の見積価額」については、(1)、(2)及び(3)イの取扱いに準じて計算した金額とすることができます。 (4) (1)、(2)及び(3)による価額がない場合には、取得価額
匿名組合契約の出資の持分	匿名組合事業に係るその年の12月31日又は同日前の同日に最も近い日において終了した計算期間の計算書等に基づき、その組合の純資産価額（帳簿価額によって計算した金額）又は利益の額に自己の出資割合を乗じて計算するなど合理的に算出した価額 　ただし、営業者等から計算書等の送付等がない場合には、出資額によることとして差し支えありません。
未決済信用取引等に係る権利	金融商品取引所等において公表された当該信用取引等に係る有価証券のその年の12月31日の最終の売買の価格（公表された同日における当該価格がない場合には、公表された同日における最終の気配相場の価格とし、公表された同日における当該価格及び当該気配相場の価格のいずれもない場合には、最終の売買の価格又は最終の気配相場の価格が公表された日でその年の12月31日前の同日に最も近い日にお

	けるその最終の売買の価格又は最終の気配相場の価格とします。）に基づき、同日において当該信用取引等を決済したものとみなして算出した利益の額又は損失の額に相当する金額
未決済デリバティブ取引に係る権利	次のいずれかの方法により算定した価額 (1) 金融商品取引所等に上場等されているデリバティブ取引 　取引所において公表されたその年の12月31日の最終の売買の価格（公表された同日における当該価格がない場合には、公表された同日における最終の気配相場の価格とし、公表された同日における当該価格及び当該気配相場の価格のいずれもない場合には、最終の売買の価格又は最終の気配相場の価格が公表された日でその年の12月31日前の同日に最も近い日におけるその最終の売買の価格又は最終の気配相場の価格とします。）に基づき、同日において当該デリバティブ取引を決済したものとみなして算出した利益の額又は損失の額に相当する金額（以下(2)において、「みなし決済損益額」といいます。） (2) 上記(1)以外のデリバティブ取引 　イ　銀行、証券会社等から入手した価額（当該デリバティブ取引の見積将来キャッシュ・フローを現在価値に割り引く方法、オプション価格モデルを用いて算定する方法その他合理的な方法に基づいて算定されたこれらの者の提示価額に限ります（以下イにおいて同じ。）。）に基づき算出したみなし決済損益額（その年の12月31日における価額がこれらの者から入手できない場合には、これらの者から入手したその年の12月31日前の同日に最も近い日における価額に基づき算出したみなし決済損益額。） 　ロ　上記イにより計算ができない場合には、備忘価額として１円
貸付金	その年の12月31日における貸付金の元本の額

未収入金 （受取手形を含む。）	その年の12月31日における未収入金の元本の額
書画骨とう及び美術工芸品	次のいずれかの方法により算定した価額 (1) その年の12月31日における売買実例価額（同日における売買実例価額がない場合には、同日前の同日に最も近い日におけるその年中の売買実例価額）のうち、適正と認められる売買実例価額 (2) (1)による価額がない場合には、その年の翌年1月1日から国外財産調書の提出期限までにその財産を譲渡した場合における譲渡価額 (3) (1)及び(2)による価額がない場合には、取得価額
貴金属類	次のいずれかの方法により算定した価額 (1) その年の12月31日における売買実例価額（同日における売買実例価額がない場合には、同日前の同日に最も近い日におけるその年中の売買実例価額）のうち、適正と認められる売買実例価額 (2) (1)による価額がない場合には、その年の翌年1月1日から国外財産調書の提出期限までにその財産を譲渡した場合における譲渡価額 (3) (1)及び(2)による価額がない場合には、取得価額
家庭用動産 （現金、書画骨とう、美術工芸品、貴金属類を除く。）	家具、什器備品、自動車、船舶や航空機などの動産で、業務の用に供する資産以外の資産である場合は、取得価額から、その年の12月31日における経過年数に応じた償却費の額を控除した金額 (注)1 「経過年数に応ずる償却費の額」は、その財産の取得又は建築の時からその年の12月31日までの期間（その期間に1年未満の端数があるときは、その端数は1年として計算します。）の償却費の額の合計額。 　　　また、償却方法は、定額法によるものとし、耐用年数は、減価償却資産の耐用年数等に関する省令に規定する耐用年数によります。 　　2 家庭用動産で、かつ、その取得価額が100万円未満のものである場合には、その年の12月31日における当該財産の見積価額については、10万円未満のものであると取り扱って差し支えありません。

第6節　過少申告加算税等の軽減又は加重などの措置

　国税当局が、国外財産調書の適正な提出を確保し、国外財産に係る情報を的確に把握するため、その適正な提出に向けたインセンティブとして、次のような措置が講じられています（国外調書法6）。
　なお、財産債務調書についても、原則として同種の措置が講じられています。

イ　国外財産調書の提出がある場合の過少申告加算税等の軽減措置

　国外財産調書を期限内に提出した場合には、国外財産調書に記載がある国外財産に係る所得税等の申告漏れが生じたときであっても、その国外財産に係る過少申告加算税等が5％軽減されます。

ロ　国外財産調書の提出がない場合等の過少申告加算税等の加重措置

　次に掲げる場合において、その国外財産に係る所得税等の申告漏れが生じたときは、その国外財産に係る過少申告加算税等が5％加

重されます。

i	国外財産調書の提出が期限内にない場合
ii	期限内に提出された国外財産調書に記載すべき国外財産の記載がない場合（重要なものの記載が不十分と認められる場合を含みます。）

ハ　国外財産調書に記載すべき国外財産に関する書類の提示又は提出がない場合の過少申告加算税等の軽減又は加重措置

　国外財産に係る所得税等の調査に関し修正申告等があり、過少申告加算税等の適用がある納税者が、その修正申告等の前までに、国外財産の取得、運用又は処分に係る一定の書類の提出又は提示を求められた場合において、指定された日までにその提示等がなかったときは、次に掲げる措置が設けられています。

i	上記イの過少申告加算税等の５％軽減措置は、適用されません。
ii	上記ロの過少申告加算税等の５％加重措置は、10％に変更されます。

二　国外財産調書の正当な理由のない不提出又は虚偽記載に対する罰則

　次に掲げる場合には、１年以下の懲役または50万円以下の罰金に

処されることがあります。ただし、ⅰの場合には、情状によりその刑を免除することができることとされています。

ⅰ	国外財産調書を正当な理由がなく期限内に提出しなかった場合
ⅱ	国外財産調書に偽りの記載をして提出した場合

第7節 当該職員の質問検査権等

　国税当局の当該職員は、国外財産調書の提出に関する調査について必要があるときは、当該国外財産調書を提出する義務がある者又は提出する義務があると認められる者に質問し、その者の国外財産に関する帳簿書類その他の物件を検査し、又は当該物件等の提示若しくは提出を求めることができることとされています（国外調書法7）。

第8節　国外財産調書の記載例等

　この節では、次のイからニに掲げる国外財産調書の記載要領や記載例など（国税庁作成）を掲示します。

　イ　国外財産調書及び国外財産調書合計表の様式及び記入に当たっての留意事項など
　ロ　国外財産調書の記載要領
　ハ　国外財産調書の記載例
　ニ　国外財産の価額の算定方法等

イ　国外財産調書及び国外財産調書合計表の様式及び記入に当たっての留意事項など

FA5102

整理番号　□□□□□□□

令和□年12月31日分　　国外財産調書

提出用　平成二十八年十二月三十一日分以降用

国外財産を有する者	住所又は事業所、事務所、居所など						
	氏　名						
	個人番号	□□□□□□□□□□□□		電話番号（自宅・勤務先・携帯）			

国外財産の区分	種　類	用途	所　在		数　量	価　額（上段は有価証券等の取得価額）	備　考
			国名			円	
						円	
	合　　計　　額					合計表㋐へ	

（摘要）

（　）枚のうち（　）枚目

通信日付印（年月日）（　．．　）

(R2.1)

第8節　国外財産調書の記載例等

令和　　年12月31日分　国外財産調書合計表

FA5003

提出用

税務署長
　　年　　月　　日

住所又は事業所事務所居所など

個人番号
フリガナ
氏名
性別　職業　　電話番号（自宅・勤務先・携帯）
男女
生年月日　　　財産債務調書の提出有
整理番号

平成二十八年十二月三十一日分以降用

※特定有価証券に該当する有価証券は⑨欄に記載し、⑥欄から⑧欄への記載は要しません。

財産の区分		価額又は取得価額	財産の区分		価額又は取得価額
土　　地	①		未決済デリバティブ取引に係る権利	⑫	
建　　物	②		取得価額	㋐	
山　　林	③		貸付金	⑬	
現　　金	④		未収入金	⑭	
預貯金	⑤		書画骨とう美術工芸品	⑮	
有価証券 上場株式	⑥		貴金属類	⑯	
取得価額	㋑		動　産（④、⑮、⑯以外）	⑰	
特定有価証券を除く 非上場株式	⑦		その他の財産 保険の契約に関する権利	⑱	
取得価額	㋒		株式に関する権利	⑲	
株式以外の有価証券	⑧		預託金等	⑳	
取得価額	㋓		組合等に対する出資	㉑	
特定有価証券※	⑨		信託に関する権利	㉒	
匿名組合契約の出資の持分	⑩		無体財産権	㉓	
取得価額	㋔		その他の財産（上記以外）	㉔	
未決済信用取引等に係る権利	⑪		合　計　額	㉕	
取得価額	㋕				

備考（訂正等で再提出する場合はその旨ご記載ください。）

税理士署名
電話番号　　　－　　　－

通信日付印	確認	異動	年	月	日	身元確認
整理欄	枚数	区分				
		A	B	C	D	E	F	G	H

第5章　国外財産調書

(R3.4)

217

◉ 国外財産調書の記入に当たっての留意事項

　この国外財産調書には、国外財産の区分に応じて、「種類別」、「用途別」（一般用及び事業用の別）及び「所在別」に、その財産の「数量」及び「価額」を記入します。

　なお、次のような財産については、それぞれ、次のとおり記入することとして差し支えありません。

(1)　財産の用途が一般用及び事業用の兼用である場合には、「用途」は「一般用、事業用」と記入し、「価額」は用途別に区分することなく記入してください。

　　※　**事業用**とは、この国外財産調書を提出する方の不動産所得、事業所得又は山林所得を生ずべき事業又は業務の用に供することをいい、**一般用**とは、当該事業又は業務以外の用に供することをいいます。

(2)　2以上の財産の区分からなる財産で、それぞれの財産の区分に分けて価額を算定することが困難な場合には、いずれかの財産の区分にまとめて記入してください。

（国外財産の区分）

①土地（林地を含む。）、②建物、③山林、④現金、⑤預貯金（当座預金、普通預金、定期預金等の預貯金）、⑥有価証券（株式、公社債、投資信託、特定受益証券発行信託、貸付信託等の有価証券）、⑦匿名組合契約の出資の持分、⑧未決済信用取引等に係る権利、⑨未決済デリバティブ取引に係る権利、⑩貸付金、⑪未収入金（受取手形を含む。）、⑫書画骨とう及び美術工芸品、⑬貴金属類、⑭その他の動産（家庭用動産を含む。）、⑮その他（①から⑭までの財産以外）の財産

　　※　家庭用動産とは、例えば、家具、什器備品などの家財や自動車などの動産をいい、④現金、⑫書画骨とう及び美術工芸品、⑬貴金属類は含まれません。その他の財産とは、①から⑭のどの種類にも当てはまらない財産、例えば、預託金、保険の契約に関する権利、信託受益権などをいいます。

◉ 財産債務調書を提出する場合

　財産債務調書(国外送金等調書法第6条の2)を提出する方は、国外財産調書に記入した国外財産のうち国外転出特例対象財産(上記国外財産の区分⑥から⑨に掲げる国外財産(⑥のうち「特定有価証券」に該当するものを除きます。))について、その取得価額を「価額」欄の上段に記入してください(国外送金等調書規則別表第一備考三)。

◉ 国外財産調書合計表の作成・添付

　この調書の提出に当たっては、別途、「国外財産調書合計表」を作成し、添付する必要があります(国外送金等調書規則別表第二)。

ロ 国外財産調書の記載要領

　この調書の各欄の記入に当たっては、財産を、用途別、所在別に分け、更に、上記「国外財産の区分」の①から⑮の財産に区分した上で、以下のとおり記入してください。

　なお、⑫書画骨とう及び美術工芸品については1点10万円未満のもの、⑭その他の動産については、1個又は1組の価額が10万円未満のものの記入は必要ありません。

1 「住所」欄

　住所を記入してください。

　なお、所得税の納税義務がある方で、この調書を、住所以外の事業所や事務所、居所などを所轄する税務署に確定申告書と一緒に提出する方は、（　）内の当てはまる文字を○で囲んだ上、事業所等の所在地（上段）と住所（下段）を記入してください。

　おって、住所地に代えて事業所等の所在地を納税地とする場合には、納税地の変更に関する届出が必要です。

2 「国外財産の区分」欄

　上記「国外財産の区分」の①から⑮の順序で記入してください。

3 「種類」欄

　この欄には、「国外財産の区分」欄に記入した財産のうち、次に掲げる財産について、その種類を次のとおり記入してください。

(1) 預貯金：「当座預金」、「普通預金」、「定期預金」等
(2) 有価証券：「株式」、「公社債」、「投資信託」、「特定受益証券発行信託」、「貸付信託」、「特定有価証券」等及び銘柄名

　※　株式については、「上場株式」と「非上場株式」に区分して記入してください。

　※　「特定有価証券」とは、新株予約権その他これに類する権利で株式を無償又は有利な価額により取得することができるもののうち、その行使による

所得の全部又は一部が国内源泉所得となるものをいいます（所得税法施行令第170条第1項）。

(3) 匿名組合契約の出資の持分：匿名組合名
(4) 未決済信用取引等に係る権利：「信用取引」、「発行日取引」及び銘柄名
(5) 未決済デリバティブに係る権利：「先物取引」、「オプション取引」、「スワップ取引」等及び銘柄名
(6) 書画骨とう及び美術工芸品：「書画」、「骨とう」、「美術工芸品」
(7) 貴金属類：「金」、「白金」、「ダイヤモンド」等
(8) その他の動産（家庭用動産を含む。）：適宜に設けた区分
(9) その他の財産：「預託金」、「保険に関する権利」、「信託受益権」等

※ 土地、建物、山林、現金、貸付金、未収入金については、本欄の記入は必要ありません。

4 「用途」欄

この欄には、財産の用途に応じて、「一般用」又は「事業用」と記入してください。

5 「所在」欄

この欄には、財産の所在地について、国名及び所在地のほか、氏名又は名称（金融機関名及び支店名等）を記入してください。

また、上記「国外財産の区分」の①から④及び⑫から⑭までの財産については、国名及び所在地のみを記入することとして差し支えありません。

なお、国名については一般的に広く使用されている略称を記入してください。

6 「数量」欄

この欄には、「国外財産の区分」欄に記入した財産のうち、次に掲げる財産について、その数量を次のとおり記入してください。

(1) 土地：地所数及び面積
(2) 建物：戸数及び床面積
(3) 山林：面積又は体積

(4) 有価証券、匿名組合契約の出資の持分：株数又は口数

(5) 未決済信用取引等に係る権利、未決済デリバティブに係る権利：株数又は口数

(6) 書画骨とう及び美術工芸品：点数

(7) 貴金属類：点数又は重量

(8) その他の動産（家庭用動産を含む。）：適宜に設けた区分に応じた数量

(9) その他の財産：「預託金」、「保険の契約に関する権利」、「信託受益権」等の適宜に設けた区分に応じた数量

※ 現金、預貯金、貸付金、未収入金については、本欄の記入は必要ありません。

7 「価額」欄

この欄には、それぞれの財産に係る「時価」又は時価に準ずる価額として「見積価額」を記入してください。

また、上記「国外財産の区分」の⑥から⑨までの財産（⑥のうち「特定有価証券」に該当する有価証券を除きます。）については上段にそれぞれの財産の取得価額を記入してください。

※ 国外財産の見積価額の算定方法（例示）については、「国外財産調書の記載例」の裏面をご覧ください。

8 「備考」欄

2以上の財産区分からなる財産を一括して記入する場合には「備考」欄に一括して記入する財産の区分等を記入してください。

9 「合計額」欄

この欄には、調書に記入したそれぞれの財産の価額の合計額を記入してください。

10 「摘要」欄

この調書に記入した国外財産について、参考となる事項などを記入してください。

11 その他の留意事項

　上記「国外財産の区分」の⑭に該当する家庭用動産で、その取得価額が100万円未満のものである場合には、その年の12月31日における当該動産の見積価額については、10万円未満のものと取り扱って差し支えありません。

ハ　国外財産調書の記載例

整理番号　0XXXXXXX

令和××年12月31日分　国外財産調書

国外財産を有する者		
住所（又は事業所、事務所、居所など）	東京都千代田区霞が関3－1－1	
氏名	国税　太郎	
個人番号	0000 0000 0000	電話番号（自宅・勤務先・携帯）03－××××－××××

	国外財産の区分	種類	用途	所在 国名	所在	数量	価額（土地は有価証券等の取得価額）	備考
A	土地		事業用	オーストラリア	○○州△△XX通り6000	1　200㎡	54,508,000 円	
B	建物		事業用	オーストラリア	○○州△△XX通り6000	1　150㎡	80,000,000	
B	建物		一般用 事業用	アメリカ	△△州○○市XX通り4440	1　95㎡	77,800,000	土地を含む
B					建物計		(157,800,000)	
C	預貯金	普通預金	事業用	オーストラリア	○○州△△XX通り40（XX銀行○○支店）		58,951,955	
C	預貯金	普通預金	一般用	アメリカ	○○州△△XX通り123（○○銀行△△支店）		23,781,989	
C	預貯金	定期預金	一般用	アメリカ	○○州△△XX通り123（○○銀行△△支店）		5,000,000	
C					預貯金計		(87,733,944)	
D	有価証券	上場株式（○○securities, Inc.）	一般用	アメリカ	△△州○○市XX通り321 △△証券××支店	10,000株	3,000,000 3,300,000	
E	特定有価証券	ストックオプション（○○Co,Ltd.）	一般用	アメリカ	○○州△△市XX通り400	600個	3,000,000	
F	匿名組合出資	C匿名組合	一般用	アメリカ	△△州××市○○通り456（Cxxx D. Exxx）	100口	100,000,000 140,000,000	
G	未決済信用取引等に係る権利	信用取引（××）	一般用	オーストラリア	○○州△△XX通り567 △△証券××支店	400口	0 △4,500,000	
G	未決済デリバティブ取引に係る権利	先物取引（○○）	一般用	オーストラリア	○○州△△XX通り567 △△証券××支店	100口	30,000,000 29,000,000	
H	貸付金		一般用	アメリカ	△△州○○市XX通り10　123号室（Axxx B. Yxxxx）		15,600,000	
H	未収入金		事業用	オーストラリア	○○州△△XX通り40（Bxxx A. Jxxxx）		4,400,000	
I	書画骨とう	書画	一般用	アメリカ	△△州○○市XX通り4440	2点	2,000,000	
J	貴金属類	金	一般用	アメリカ	△△州○○市XX通り4440	1Kg	5,000,000	
K	その他の動産	自動車	一般用	アメリカ	△△州○○市XX通り4440	1台	6,000,000	
L	その他の財産	委託証拠金	一般用	アメリカ	○○州△△XX通り987 ○○証券○○支店		10,000,000	
M	合計額						513,841,944	

（摘要）

（1）枚のうち（1）枚目

【各財産共通】

1 それぞれの国外財産を「事業用」と「一般用」に区分し、更に、所在の別に区分します。

2 所在については、それぞれの国外財産の所在地（国名及び住所）を記入してください。

　※ 各国外財産において記載例が示されている場合には、各国外財産の書き方に従って記入してください。

3 国外財産の価額については、その年の12月31日における国外財産の「時価」又は時価に準ずる価額として「見積価額」を記入してください。

4 一の国外財産の区分について複数の国外財産を記入する場合には、国外財産の区分ごとに価額（小計）をカッコ書きで記入してください。

5 財産債務調書を提出する場合には、国外財産調書に記載する国外転出特例対象財産（有価証券（特定有価証券に該当する有価証券を除く。）、匿名組合契約の出資の持分、未決済信用取引等に係る権利及び未決済デリバティブ取引に係る権利）について、価額欄の上段に取得価額を記入してください。

A【土地】

○ 「数量」欄の上段に地所数を、下段に面積を記入してください。

B【建物】

1 「数量」欄の上段に戸数を、下段に床面積を記入してください。

2 2以上の財産区分からなる財産を一括して記入する場合には「備考」欄に一括して記入する財産の区分等を記入してください。

　※ 記載例では土地付で取得した建物を一括して記入する場合を例示しています。

3 財産の用途が、「一般用」及び「事業用」の兼用である場合には、用途は「一般用、事業用」と記載し、価額は、一般用部分と事業用部分とを区分することなく記入してください。

C【預貯金】

1 上記「各財産共通」の1に加え、預貯金の種類（当座預金、普通預金、定期預金等）の別に区分します。

2 「種類」欄に預貯金の種類を記入してください。

3 「所在」欄は預貯金を預け入れている金融機関の所在地（国名及び住所）、名称及び支店名を記入してください。

D 【有価証券】（特定有価証券以外）

1 上記「各財産共通」の1に加え、有価証券の種類（株式、公社債、投資信託、特定受益証券発行信託、貸付信託等）及び銘柄の別に区分します。

2 「種類」欄に有価証券の種類及び銘柄を記入してください。

　なお、株式については、「上場株式」と「非上場株式」の別を明記してください。

3 「所在」欄は有価証券の保管等を委託している場合には、金融商品取引業者等の所在地（国名及び住所）、名称及び支店名を記入してください。

　※　国内にある金融機関の営業所等に設けられた口座において管理されている有価証券については、この調書への記入の必要はありません。

E 【特定有価証券】

1 上記「各財産共通」の1に加え、特定有価証券の種類（ストックオプション等）の別に区分します。

2 「種類」欄に特定有価証券の種類及び発行会社を記入してください。

3 「所在」欄に特定有価証券の発行会社の所在地（国名及び住所）を記入してください。

　※　「特定有価証券」とは新株予約権その他これに類する権利で株式を無償又は有利な価額により取得することができるもののうち、その行使による取得の全額又は一部が国内源泉所得となるものをいいます。

F 【匿名組合契約の出費の持分】

1 上記「各財産共通」の1に加え、匿名組合の別に区分します。

2 「種類」欄は匿名組合契約名を記入してください。

3 「所在」欄は金融商品取引業者等に取引を委託している場合には、その所在地（国名及び住所）、名称及び支店名を記載してください。

G 【未決済信用取引等に係る権利及び未決済デリバティブ取引に係る権利】

1　上記「各財産共通」の1に加え、未決済信用取引等に係る権利及び未決済デリバティブ取引に係る権利の種類及び銘柄の別に区分します。

2　「種類」欄に未決済信用取引等に係る権利及び未決済デリバティブ取引に係る権利の種類及び銘柄を記入してください。

3　「所在」欄は金融商品取引業者等に取引を委託している場合には、その所在地（国名及び住所）、名称及び支店名を記載してください。

H 【貸付金及び未収入金】

○　「所在」欄は債務者の氏名又は名称並びに国名及び住所を記入してください。

I 【書画骨とう及び美術工芸品】

1　上記「各財産共通」の1に加え、書画骨とうの種類（書画、骨とう、美術工芸品）の別に区分します。

2　「種類」欄に書画骨とうの種類を記入してください。

3　「数量」欄に点数を記入してください。

J 【貴金属類】

1　上記「各財産共通」の1に加え、貴金属の種類（金、白金、ダイヤモンド等）の別に区分します。

2　「種類」欄に貴金属類の種類を記入してください。

3　「数量」欄に点数又は重量を記入してください。

K 【その他の動産】

○　上記「貴金属類」に準じて記入してください。

　　※　その他の動産とは、家庭用動産（家具、什器備品や自動車などの動産（現金、書画骨とう、美術工芸品、貴金属類を除きます。））、棚卸資産、減価償却資産をいいます。

　　※　貴金属類のうち、いわゆる装身具として用いられるものは、家庭用動産として取り扱って差し支えありません。

L 【その他の財産】

○ 上記「貴金属類」に準じて記入してください。

※ その他の財産とは、上記のどの種類にも当てはまらない財産、例えば、保険契約に関する権利、民法に規定する組合契約その他これに類する契約に基づく出資、信託受益権などをいいます。

M 「合計額」欄

○ 2枚以上の調書を作成、提出する場合でも、「合計額」は1枚目の調書に記入してください。

二　国外財産の価額の算定方法等

◉　国外財産の価額

　この調書に記入する国外財産の価額は、それぞれの国外財産に係る「時価」又は時価に準ずるものとして「見積価額」によることとされています。

　なお、「時価」とは、「その年の12月31日における財産の現況に応じ、不特定多数の当事者間で自由な取引が行われる場合に通常成立すると認められる価額をいい、その価額は、専門家による鑑定評価額、金融商品取引所等の公表する同日の最終価格（同日に最終価格がない場合は、同日前の最終価格のうち同日に最も近い日の価額）」などをいいます。

　また、「見積価額」とは、「その年の12月31日における財産の現況に応じ、その財産の取得価額や売買実例価額などを基に、合理的な方法により算定された価額」をいいます。

　※　この調書に記入する国外財産が、①事業所得の金額の基礎となった棚卸資産である場合には「棚卸資産の評価額」を、②減価償却資産である場合には、その財産の「償却後の価額」を見積価額として記入してください。

◉　国外財産の見積価額の例示

　この調書に記入する国外財産の「見積価額」については、その国外財産の区分に応じて、例えば、次のような方法により算定しても差し支えありません。

1　土地
(1)　外国又は外国の地方公共団体の定める法令により固定資産税に相当する租税が課される場合には、その年の12月31日が属する年中に課された当該租税の計算の基となる課税標準額
(2)　取得価額を基にその取得後における価額の変動を合理的な方法によって見積もって算出した価額
(3)　その年の翌年1月1日から国外財産調書の提出期限までにその財産を譲渡した場合における譲渡価額

2 建物
 (1) 上記1「土地」の(1)から(3)のいずれかの価額
 (2) 業務の用に供する資産以外のものである場合は、取得価額から、その年の12月31日における経過年数に応ずる償却費の額（※）を控除した金額。

> ※ 「経過年数に応ずる償却費の額」は、その財産の取得又は建築の時からその年の12月31日までの期間（その期間に1年未満の端数があるときは、その端数は1年とします。）の償却費の額の合計額。
> また、償却方法は、定額法によるものとし、耐用年数は、減価償却資産の耐用年数等に関する省令に規定する耐用年数によります。

3 山林
 上記1「土地」の(1)から(3)のいずれかの価額

4 預貯金
 その年の12月31日における預入高

5 有価証券
 金融商品取引所等に上場等されている有価証券以外の有価証券については、次の価額
 (1) その年の12月31日における売買実例価額（同日における売買実例価額がない場合には、同日前の同日に最も近い日におけるその年中の売買実例価額）のうち、適正と認められる売買実例価額
 (2) (1)がない場合には、上記1「土地」の(3)に掲げる価額
 (3) (1)及び(2)がない場合には、次の価額
  イ 当該有価証券のうち株式については、当該株式の発行法人のその年の12月31日又は同日前の同日に最も近い日において終了した事業年度における決算書等に基づき、その法人の純資産価額（帳簿価額によって計算した金額）に自己の持株割合を乗じて計算するなど合理的に算出した価額
  ロ 新株予約権については、次の算式で計算した金額
   （「新株予約権の対象となる株式の時価又は見積価額（※）」－「1株当

たりの権利行使価額」）×「権利行使により取得することができる株式数」

　　※　「株式の見積価額」については、上記(1)、(2)又は(3)イの取扱いに準じて計算した金額とすることができます。

(4)　(1)、(2)及び(3)がない場合には、取得価額

6　匿名組合契約の出資の持分

(1)　組合事業に係るその年の12月31日又は同日前の同日に最も近い日において終了した計算期間の計算書等に基づき、その組合の純資産価額（帳簿価額によって計算した金額）又は利益の額に自己の出資割合を乗じて計算するなど合理的に算出した価額

(2)　(1)がない場合には、出資額

7　未決済信用取引等に係る権利

　　金融商品取引所等において公表された当該信用取引等に係る有価証券のその年の12月31日の最終の売買の価格（公表された同日における当該価格がない場合には、公表された同日における最終の気配相場の価格とし、公表された同日における当該価格及び当該気配相場の価格のいずれもない場合には、最終の売買の価格又は最終の気配相場の価格が公表された日でその年の12月31日前の同日に最も近い日におけるその最終の売買の価格又は最終の気配相場の価格とします。）に基づき、同日において当該信用取引等を決済したものとみなして算出した利益の額又は損失の額に相当する金額

8　未決済デリバティブ取引に係る権利

(1)　金融商品取引所等に上場されているデリバティブ取引

　　取引所において公表されたその年の12月31日の最終の売買の価格（公表された同日における当該価格がない場合には、公表された同日における最終の気配相場の価格とし、公表された同日における当該価格及び当該気配相場の価格のいずれもない場合には、最終の売買の価格又は最終の気配相場の価格が公表された日でその年の12月31日前の同日に最も近い日におけるその最終の売買の価格又は最終の気配相場の価格とします。）に基づき、

同日において当該デリバティブ取引を決済したものとみなして算出した利益の額又は損失の額に相当する金額（以下(2)において「みなし決済損益額」といいます。）

(2) 金融商品取引所等に上場されているデリバティブ取引以外のデリバティブ取引

　　イ　銀行、証券会社等から入手した価額（当該デリバティブ取引の見積将来キャッシュ・フローを現在価値に割り引く方法、オプション価格モデルを用いて算定する方法その他合理的な方法に基づいて算定されたこれらの者の提示価額に限ります（以下イにおいて同じです。）。）に基づき算出したみなし決済損益額（その年の12月31日における価額がこれらの者から入手できない場合には、これらの者から入手したその年の12月31日前の同日に最も近い日における価額に基づき算出したみなし決済損益額）

　　ロ　上記イにより計算ができない場合には、備忘価額として1円

9　貸付金

　　その年の12月31日における貸付金の元本の額

10　未収入金

　　その年の12月31日における未収入金の元本の額

11　書画骨とう及び美術工芸品並びに貴金属類

(1) その年の12月31日における売買実例価額（同日における売買実例価額がない場合には、同日前の同日に最も近い日におけるその年中の売買実例価額）のうち、適正と認められる売買実例価額

(2) その年の翌年1月1日から国外財産調書の提出期限までにその国外財産を譲渡した場合における譲渡価額

(3) (1)及び(2)がない場合には、取得価額

12　その他の動産

　　その他の動産（家庭用動産（家具、什器備品、装身具、自動車、船舶や航

空機などの動産（現金、書画骨とう、美術工芸品、貴金属類を除きます。））を含みます。）で、業務の用に供する資産以外の資産である場合は、上記2「建物」の(2)の取扱いに準じて計算した価額

　なお、その財産が家庭用動産で、その取得価額が100万円未満のものである場合には、その動産の12月31日における見積価額が10万円未満のものであるとして取り扱い、国外財産調書に記載しないこととして差し支えありません。

13　その他の財産

　上記1から12に当てはまらない財産、例えば、保険の契約に関する権利、民法に規定する組合契約その他これに類する契約に基づく出資、信託受益権については、次により計算した価額

(1)　保険の契約に関する権利については、その年の12月31日にその生命保険契約を解約することとした場合に支払われることとなる解約返戻金の額

　　ただし、その年中の12月31日前の日において解約することとした場合に支払われることとなる解約返戻金の額をその保険の契約をした保険会社等から入手している場合には、当該額によることとして差し支えありません。

(2)　株式を無償又は有利な価額で取得することができる権利（有価証券に該当するものを除きます。）については、上記5「有価証券」の取扱いに準じて計算した価額

(3)　民法に規定する組合契約その他これに類する契約に基づく出資については、上記6「匿名組合契約の出資の持分」の取扱いに準じて計算した価額

(4)　信託受益権については、次に掲げる区分によって、それぞれ次によります。

　　イ　元本と収益との受益者が同一人である場合……信託財産の見積価額

　　ロ　元本と収益との受益者が元本及び収益の一部を受ける場合……「上記イの価額」×「受益割合」

　　ハ　元本の受益者と収益の受益者とが異なる場合

(イ) 元本を受益する場合……「上記イの価額」−「(ロ)により算定した価額」

　　(ロ) 収益を受益する場合……受益者が将来受けると見込まれる利益の額の複利現価の額の合計額又は、「その年の12月31日が属する年中に給付を受けた利益の額」×「信託契約の残存年数」

(5) 上記(1)から(4)以外の財産

　　その財産の取得価額を基にその取得後における価額の変動を合理的な方法によって見積もって算定した価額

● 有価証券等の取得価額の例示

　この調書に記入する有価証券（特定有価証券に該当する有価証券を除きます。）、匿名組合契約の出資の持分、未決済信用取引等に係る権利及び未決済デリバティブ取引に係る権利の「取得価額」については、その財産の区分に応じて、例えば、次のような方法により算定しても差し支えありません。

1　有価証券及び匿名組合契約の出資の持分

　(1) 金銭の払込み又は購入により取得した場合には、当該財産を取得したときに支払った金銭の額又は購入の対価のほか、購入手数料など当該財産を取得するために要した費用を含めた価額

　(2) 相続（限定承認を除きます。）、遺贈（限定承認を除きます。）又は贈与（以下「相続等」といいます。）により取得した場合には、被相続人、遺贈者又は贈与者の取得価額を引き継いだ価額

　(3) (1)及び(2)により算出することが困難である場合には、次の価額

　　イ　当該財産に額面金額がある場合には、その額面金額

　　ロ　その年の12月31日における当該財産の価額の100分の5に相当する価額

2　未決済信用取引等に係る権利及び未決済デリバティブ取引に係る権利

　当該財産のその年の12月31日における価額をみなし決済損益額より算出し

た価額により記載する場合にはゼロ

● 外貨で表示されている財産の邦貨換算

　この調書に記入する財産の価額が外国通貨で表示されている場合には、調書を提出する方の取引金融機関（その財産が預金等で、取引金融機関が特定されている場合は、その取引金融機関）が公表するその年の12月31日における最終の対顧客直物電信買相場又はこれに準ずる相場（同日に当該相場がない場合には、同日前の当該相場のうち、同日に最も近い日の当該相場）により邦貨に換算した価額を記入してください。

◎ 共有財産の価額の取扱い

　この調書に記入する財産が共有財産である場合、その財産の価額は次によります。
　(1) 持分が定まっている場合……その財産の価額をその共有者の持分に応じてあん分した価額
　(2) 持分が定まっていない場合（持分が明らかでない場合を含みます。）
　　……各共有者の持分は相等しいものと推定し、その推定した持分に応じてあん分した価額

【索 引】

—あ—

永住者 …………………………… 24

—か—

海外株人気 ……………………… 107
海外勤務に係る給与等 ………… 68
外貨建取引の邦貨換算 ………… 74
外貨建てによる公社債の運用損
　益と為替差損益 …………… 108
外国株式 ………………………… 89
外国金融商品市場 ……………… 91
外国税額控除 …………………… 41
外国発行の公社債 ……………… 91
外国法人に係る株式投資信託 … 89
株式等に係る配当所得 ………… 96
為替差損益の認識 ……………… 75
帰属主義 ………………………… 46
居住形態別の課税所得 ………… 1
居住者 …………………………… 5
居所 ……………………………… 8
金融所得課税の一体化 ………… 88
組合契約事業利益の配分 ……… 59
芸能人又は職業運動家等の報酬 … 67
契約締結代理人等 ……………… 47

源泉分離課税となる所得の類型 … 64
恒久的施設（permanent
　establishment ＝ PE） …… 3, 47
恒久的施設帰属所得
　………………………… 33, 48, 67
恒久的施設を有しない者 ……… 32
恒久的施設を有する者 ………… 32
公社債株式等に係る譲渡所得
　等 ………………………… 102
公社債等に係る利子所得 ……… 93
コーポレート・インバージョン
　対策税制 ………………… 109
国外源泉所得 …………………… 19
国外財産調書 ……… 189, 192, 194
国外財産調書合計表 …………… 194
国外財産の種類 ………………… 206
国外証券移管等調書 …………… 192
国外送金等調書 ………………… 192
国外中古建物 …………… 136, 142
国外中古建物の不動産所得 …… 129
国外転出 ………………………… 172
国外転出をする場合 …………… 155
国外不動産所得の損失の金額 … 142
国外不動産等 …………………… 142
国内外の公社債株式等 ………… 79

国内源泉所得 …………………… 15
国内にある資産 ………………… 54

―さ―

財産債務調書 ……………… 192, 196
財産債務明細書 ………………… 198
サブリース契約 ………………… 64
資産所得倍増 …………………… 107
資産の運用又は保有により生ず
　る所得 ………………………… 54
資産の譲渡による所得 ………… 56
住所 ……………………………… 8
住宅ローン控除 ………………… 43
出国 ……………………………… 172
人的役務提供事業の所得 …… 61, 62
人的役務提供の報酬 …………… 62
総合主義 ………………………… 46
租税条約の適用 ………………… 74

―た―

退職所得の選択課税 …………… 37
タックスヘイブン対策税制
　………………………………… 109
短期滞在者免税 ………………… 72
つみたて投資枠 ………… 107, 128
投資法人の投資口 ……………… 89
匿名組合契約の出資の持分 …… 168
独立代理人 ……………………… 48

土地等の譲渡による所得 ……… 60

―な―

内部取引 ………………………… 52

―は―

非永住者 …………………… 6, 25
非居住者 ……………… 6, 28, 31
非居住者に帰属する公社債株式
　等に係る所得 ………………… 111
非居住者の確定申告の方法 …… 37
不動産の賃貸料等の所得 ……… 63
不動産の保有形態の多様化・国
　際化 …………………………… 153
プロスポーツ選手の居住形態
　………………………………… 12
分配時調整外国税相当額控除 … 42

―ま―

未決済信用取引等 ………… 160, 168
未決済デリバティブ取引 … 160, 168

―や―

有価証券 ………………………… 165
有価証券等 ……………………… 159

―欧文―

CRSによる金融口座情報 ……… 192

NISA ……………………………… 107, 128 | NISA の適用対象者 ………………… 128

【著者略歴】

小田 満（おだ　みつる）

昭和50年　税務大学校本科卒業
昭和56年　税務大学校研究科卒業
国税庁勤務通算22年の後、町田・横浜南・板橋の各税務署長を経て、平成19年税理士登録
平成22・23年度税理士試験委員
平成23〜28年度税理士桜友会専門相談員
現在　税理士・行政書士・事業承継コンサルタント

〔主な著書〕
『金融商品種類別の所得税の要点解説』（大蔵財務協会）
『所得税重要項目詳解』（大蔵財務協会）
『基礎から身につく所得税』（大蔵財務協会）
『国税OBによる税務の主要テーマの重点解説Ⅰ・Ⅱ』（大蔵財務協会・共著）
『税理士が知っておきたい 事業承継50のポイント』（大蔵財務協会）
『業種別の特殊事情に係る所得税実務』（税務経理協会）
『農家の所得税』（全国農業会議所・共著）
『よくわかる農家の青色申告』（全国農業会議所・共著）

二訂版　国境を越える個人所得課税の要点解説

令和6年11月14日　初版印刷
令和6年11月29日　初版発行

不許複製

著者　小田　満

(一財)大蔵財務協会　理事長
発行者　木村　幸俊

発行所　一般財団法人　大蔵財務協会
〔郵便番号 130-8585〕
東京都墨田区東駒形1丁目14番1号
(販　売　部) TEL03(3829)4141・FAX03(3829)4001
(出版編集部) TEL03(3829)4142・FAX03(3829)4005
https://www.zaikyo.or.jp

印刷　恵友社

乱丁・落丁はお取替えいたします。
ISBN978-4-7547-3288-2